국민연금공단

필기시험 모의고사

[6급갑 심사직]

	영 역	직업기초능력평가, 종합직무지식평가
제 **2** 회	문항수	60문항, 50문항
	시 간	60분, 50분
	비 고	객관식 4지선다형, 객관식 5지선다형

SEOWONGAK
(주)서원각

제 2 회 기출동형 모의고사

📋 문항수 : 110문항
⏰ 시 간 : 110분

✏️ **직업기초능력평가(60문항/60분)**

1. 다음은 국민연금공단의 ○○년 혁신계획이다. 이 글을 읽고 제시한 의견으로 가장 적절하지 않은 것은?

> 국민연금공단과 신나는 조합은 국민연금 사각지대에 놓인 대상자의 국민연금 수급권 확보에 기여하고자 '희망든든 연금보험료 지원사업'을 아래와 같이 진행하고자 합니다. 무이자, 무담보, 무보증으로 연금보험료를 지원하고 국민연금 수령 후 연금으로 분할 상환할 수 있는 본 사업에 많은 신청 바랍니다.

① 추진 배경
- 국민 삶의 질 재고를 위한 공공성 중심의 혁신 패러다임 전환 필요
  - 공공의 이익과 공동체의 발전에 기여하는 사회적 가치 중심의 혁신으로 공단 본연의 사회안전망 기능 역할 강화 필요
  - ※ 정부 운영을 국민 중심으로 전환하는 내용의 「정부혁신 종합 추진계획」 발표(3. 19.)
- 국민과의 소통으로 국민이 공감하는 혁신에 대한 시대적 요구
  - 정책에 직접 참여하고자 하는 국민의 요구와 급격히 증가하고 있는 시민사회 역량을 반영하는 제도적 기반 확보 시급
- 자발적 혁신을 통해 국민으로부터 신뢰받는 공단 실현
  - 정부의 공공기관 혁신방향에 따라 능동적·자율적 혁신 추진
② 추진 체계
- 혁신 전담조직 구성 및 역할
- 기존 경영혁신 전담조직(열린혁신위원회, 혁신위원회)을 '혁신위원회(위원장 : 이사장)'로 통합·개편하여 조직역량을 총결집
  - (구성) 임원, 정책연구원장, 본부 부서장으로 구성
  - (역할) 추진상황 공유 등 중요사항 의사결정
- 혁신위원회 산하에 혁신추진단(단장 : 기획상임이사)을 두고, 혁신 기본방향에 따른 4개 추진팀을 운영
- 추진팀별 구성 및 역할
- 공공성 강화 추진팀
  - 국민건강보장 실천 및 국민부담 완화, 일하는 방식 혁신 및 제도 개선
- 일자리·혁신성장 추진팀
  - 일자리 창출, 혁신성장 관련 인프라 구축, 지역경제 활성화·상생
- 신뢰경영 추진팀
  - 윤리경영 적극 실천, 공공자원 개방 확대, 국민참여 플랫폼 운영

- 혁신지원팀
  - 혁신을 위한 조직 내 제도 정비, 추진기반 조성, 성과 홍보 등
- 시민참여혁신단
  - (구성) 시민단체, 사회단체, 전문가, 대학(원)생, 이해관계자, 지역주민 등 다양한 집단·분야의 30명으로 구성
  - ※ 관련 분야 전문지식을 보유한 전문가를 전문위원으로, 이외 일반위원으로 위촉

〈집단·분야별 위원 현황〉

(단위 : 명)

계	전문위원	일반위원					
		소계	대학(원)생	시민단체	사회단체	이해관계자	지역주민
30	3	27	5	4	3	7	8

  - (역할) 건강보험 혁신계획 전반에 대한 자문 및 제언(전문위원), 자유로운 의견 제안 및 과제 발굴 등(일반위원)
- 혁신주니어보드
  - (구성) 20~30대 연령의 5~6급 직원 50명으로 구성
  - (역할) 혁신과제 발굴, 혁신관련 행사 참여, 대내외 소통 등
- 운영 방안
- 혁신과제 추진상황 상시 모니터링 및 환류
  - 과제별 추진실적 및 향후 계획을 분기별로 제출받아 총괄본부에서 점검하고, 필요시 조치 사항 등을 협의
- 추진동력 확보를 위한 협의체 운영
  - (혁신위원회) 중요사항에 대한 의사결정 필요시 개최
  - (시민참여혁신단) 전체 회의와 집단별 그룹 회의로 구분 운영
  - ※ 온라인으로도 진행 상황 공유, 의견 제시할 수 있는 참여마당 병행 운영
  - (혁신주니어보드) 격월 개최를 원칙으로 하되, 필요시 수시 개최

---

① 김 팀장 : 정부혁신 종합 추진계획 발표에 따라 사회적 위험으로부터 국민을 보호하기 위하여 제도를 강화할 것이 요청되고 있다.

② 이 주임 : 위원회 수는 기존보다 줄어들 것이다.

③ 박 대리 : 전문지식을 보유한 전문가는 전체 위원의 10%를 차지한다.

④ 홍 주임 : 과제별 추진실적을 점검하기 위해 혁신주니어보드와의 소통을 활성화해야 한다.

2. 다음은 국민연금공단의 연금보험료 지원사업의 공고문이다. 공고문을 본 A~D의 반응으로 적절하지 않은 것은?

구분	내용
지원대상	국민연금 가입 기간이 10년 미만인 가입자 중 아래의 조건을 충족시키는 자 • 저소득자 : 기준 중위소득 80% 이하인 자 → 확인방법 : 건강보험료 납부확인서, 소득금액증명(국세청) 등으로 확인되는 신청 직전 연도의 월평균소득 또는 월평균 건강보험료 납부액이 아래 표에 표기된 금액 이하인 자 (아래 표) • 연금수급 연령에 도달한 자 중 대부를 통한 연금수급이 가능한 자
지원금액	1인당 300만 원 이내
상환조건	• 대부조건 : 무담보, 무보증, 무이자 • 상환조건 : 연금수급 개시 월부터 5년 이내 원금균등분할상환
지원절차	신청접수 → 대출심사 → 대출실행(약정 및 연금보험료 납부) → 연금 청구 및 상환
접수기간	수시접수 : 자금 소진 시 마감
구비서류	제출서류 • 지원신청서 1부(신나는 조합 홈페이지 양식, 첨부파일 참조) • 개인정보 조회동의서 1부(신나는 조합 홈페이지 내 양식, 첨부파일 참조) • 약정서 1부(신나는 조합 홈페이지 내 양식, 첨부파일 참조) • CMS 출금이체 동의서 1부(국민연금공단 지사 방문하여 발급) • 연금산정용 가입내역확인서 1부(국민연금공단 지사 방문하여 발급) • 주민등록등본 1부 • 소득금액 증빙서류 1부(건강보험 납부확인서, 소득금액증명서 중 택1)
접수방법	우편접수 • 신나는 조합 홈페이지 알림마당 내 공지사항 신청 양식 다운로드 및 작성, 구비서류와 함께 등기우편으로 제출 • 접수처 : 서울 ○○구 ○○로 107-39 희망든든사업 담당자 앞
문의사항	• 신나는 조합 희망든든 연금보험 지원사업 담당자 ☎ 00-000-0000 • 국민연금공단 지사

지원대상 표:

구분		1인 가구	2인 가구	3인 가구	4인 가구	5인 이상
기준중위소득 80%		1,366,000	2,325,000	3,008,000	3,691,000	4,374,000
건강보험료	직장 가입자	44,120	75,800	97,680	120,060	142,720
	지역 가입자	15,550	40,670	82,340	113,530	142,330

① A : 연금보험료는 무이자, 무담보로 지원되며 국민연금 수령 후에 연금으로 분할 상환하는 사업이다.

② B : 2인 가구의 경우 중위소득이 2,350,000원이라면 지원 대상자에 해당되지 않는다.

③ C : 지원을 받고자 하는 사람은 개인정보 조회동의서를 제출해야 한다.

④ D : 1인당 300만 원 이내로 지원되며 지원사업 공고일로부터 연말까지 접수받는다.

3. 다음은 국민연금 가입자의 네 가지 형태를 설명하고 있는 글이다. (가)~(라)에 해당하는 형태의 가입자를 순서대로 올바르게 연결한 것은 어느 것인가?

(가) 납부한 국민연금 보험료가 있는 가입자 또는 가입자였던 자로서 60세에 달한 자가 가입기간이 부족하여 연금을 받지 못하거나 가입기간을 연장하여 더 많은 연금을 받기를 원할 경우는 65세에 달할 때까지 신청에 의하여 가입자가 될 수 있다.

(나) 60세 이전에 본인의 희망에 의해 가입신청을 하면 가입자가 될 수 있다. 즉, 다른 공적연금에서 퇴직연금(일시금), 장애연금을 받는 퇴직연금 등 수급권자, 국민기초생활보장법에 의한 수급자 중 생계급여 또는 의료급여 또는 보장시설 수급자, 소득활동에 종사하지 않는 사업장가입자 등의 배우자 및 보험료를 납부한 사실이 없고 소득활동에 종사하지 않는 27세 미만인 자는 가입을 희망하는 경우 이 가입자가 될 수 있다.

(다) 국내에 거주하는 18세 이상 60세 미만의 국민으로서 사업장가입자가 아닌 사람은 당연히 가입자가 된다. 다만, 다른 공적연금에서 퇴직연금(일시금), 장애연금을 받는 퇴직연금 등 수급권자, 국민기초생활보장법에 의한 수급자 중 생계급여 또는 의료급여 또는 보장시설 수급자, 소득활동에 종사하지 않는 사업장가입자 등의 배우자 및 보험료를 납부한 사실이 없고 소득활동에 종사하지 않는 27세 미만인 자는 이 가입자가 될 수 없다.

(라) 국민연금에 가입된 사업장의 18세 이상 60세 미만의 사용자 및 근로자로서 국민연금에 가입된 자를 말한다. 1인 이상의 근로자를 사용하는 사업장 또는 주한외국기관으로서 1인 이상의 대한민국 국민인 근로자를 사용하는 사업장에서 근무하는 18세 이상 60세 미만의 사용자와 근로자는 당연히 이 가입자가 된다.

① 임의계속가입자 – 임의가입자 – 지역가입자 – 사업장 가입자

② 사업장 가입자 – 임의가입자 – 지역가입자 – 임의계속가입자

③ 임의계속가입자 – 임의가입자 – 사업장 가입자 – 지역가입자

④ 임의가입자 – 임의계속가입자 – 지역가입자 – 사업장 가입자

4. 다음에 제시된 글을 보고 이 글의 목적에 대해 바르게 나타낸 것은?

제목 : 사내 신문의 발행

1. 우리 회사 직원들의 원만한 커뮤니케이션과 대외 이미지를 재고하기 위하여 사내 신문을 발간하고자 합니다.

2. 사내 신문은 홍보지와 달리 새로운 정보와 소식지로써의 역할이 기대되오니 아래의 사항을 검토하시고 재가해주시기 바랍니다.

－아 래－

㉠ 제호 : We 서원인
㉡ 판형 : 140 × 210mm
㉢ 페이지 : 20쪽
㉣ 출간 예정일 : 2018. 1. 1.

별첨 견적서 1부

---

① 회사에서 정부를 상대로 사업을 진행하려고 작성한 문서이다.
② 회사의 업무에 대한 협조를 구하기 위하여 작성한 문서이다.
③ 회사의 업무에 대한 현황이나 진행상황 등을 보고하고자 하는 문서이다.
④ 회사 상품의 특성을 소비자에게 설명하기 위하여 작성한 문서이다.

5. 다음은 기업의 정기 주주 총회 소집 공고문이다. 이에 대한 설명으로 옳은 것을 모두 고른 것은?

[정기 주주 총회 소집 공고]

상법 제 361조에 의거 ㈜ ○○기업 정기 ㉮주주 총회를 아래와 같이 개최하오니 ㉯주주님들의 많은 참석 바랍니다.

－아 래－

1. 일시 : 2012년 3월 25일(일) 오후 2시
2. 장소 : 본사 1층 대회의실
3. 안건
   － 제1호 의안 : 제7기(2011. 1. 1 ~ 2011. 12. 31) 재무제표 승인의 건
   － 제2호 의안 : ㉰이사 보수 한도의 건
   － 제3호 의안 : ㉱감사 선임의 건

－생 략－

㉠ ㉮는 이사회의 하위 기관이다.
㉡ ㉯는 증권 시장에서 주식을 거래할 수 있다.
㉢ ㉰는 별도의 절차 없이 대표 이사가 임명을 승인한다.
㉣ ㉱는 이사회의 업무 및 회계를 감시한다.

① ㉠㉡
② ㉠㉢
③ ㉡㉣
④ ㉢㉣

6. 다음과 같은 내용의 모집 공고문 초안을 검토한 팀장은 몇 가지 누락된 사항이 있음을 지적하였다. 다음 중 팀장이 지적한 사항으로 보기 어려운 것은?

제8기 국민연금 대학생 홍보대사 모집

■ 지원자격 : 국내 대학 재학생(휴학생 포함)
※ 타 기업(기관) 홍보대사 지원 불가
※ 2차 면접전형 시 재학증명서 제출 필수
■ 지원방법 : 국민연금공단 홈페이지(www.nps.or.kr)에서 지원서를 다운로드하여 작성 후 이메일(npcb0000@nps.or.kr)로 제출. 접수마감일(1월 23일) 18:00 도착 분까지 유효
■ 모집 및 활동 일정
• 지원기간 : 2018년 1월 17일(수)~1월 23일(화)
• 1차 합격자 발표 : 2018년 2월 1일(금), 오후 3시(15시) 홈페이지 게시
• 2차 면접전형일정 : 2018년 2월 7일(수)~9일(금) 중, 면접 기간 개별 안내
• 최종 합격자 발표 : 2018년 2월 12일(월), 오후 3시(15시) 홈페이지 게시
• 발대식(오리엔테이션) : 2018년 2월 21일(수)~22일(목), 1박 2일
• 활동기간 : 2018년 3월~8월(약 6개월)
• 정기회의 : 매월 마지막 또는 첫주 금요일 오후 1시
   ※ 상기 일정은 공단 사정에 따라 변동될 수 있습니다.

---

① 선발인원
② 문의처
③ 활동비 지급 내역
④ 활동 내역

▍7~8 ▍ 다음은 어느 회사 홈페이지에서 안내하고 있는 사회보장의 정의에 대한 내용이다. 물음에 답하시오.

- '사회보장'이라는 용어는 유럽에서 실시하고 있던 사회보험의 '사회'와 미국의 대공황 시기에 등장한 긴급경제보장위원회의 '보장'이란 용어가 합쳐져서 탄생한 것으로 알려져 있다. 1935년에 미국이 「사회보장법」을 제정하면서 법률명으로서 처음으로 사용되었고, 이후 사회보장이라는 용어는 전 세계적으로 ㉠통용되기 시작하였다.
- 제2차 세계대전 후 국제노동기구(ILO)의 「사회보장의 길」과 영국의 베버리지가 작성한 보고서 「사회보험과 관련 서비스」및 프랑스의 라로크가 ㉡책정한 「사회보장계획」의 영향으로 각국에서 구체적인 사회정책으로 제도화되기 시작하였다.
- 우리나라는 1962년 제5차 개정헌법 제30조 제2항에서 처음으로 '국가는 사회보장의 증진에 노력하여야 한다'고 규정하여 국가적 의무로서 '사회보장'을 천명하였고, 이에 따라 1963년 11월 5일 법률 제1437호로 전문 7개조의 「사회보장에 관한 법률」을 제정하였다.
- '사회보장'이라는 용어가 처음으로 사용된 시기에 대해서는 대체적으로 의견이 일치하고 있으며 해당 용어가 전 세계적으로 ㉢파급되어 사용하고 있음에도 불구하고, '사회보장'의 개념에 대해서는 개인적, 국가적, 시대적, 학문적 관점에 따라 매우 다양하게 인식되고 있다.
- 국제노동기구는 「사회보장의 길」에서 '사회보장'은 사회구성원들에게 발생하는 일정한 위험에 대해서 사회가 적절하게 부여하는 보장이라고 정의하면서, 그 구성요소로 전체 국민을 대상으로 해야 하고, 최저생활이 보장되어야 하며 모든 위험과 사고가 보호되어야 할뿐만 아니라 공공의 기관을 통해서 보호나 보장이 이루어져야 한다고 하였다.
- 우리나라는 사회보장기본법 제3조 제1호에 의하여 "사회보장"이란 출산, ㉣양육, 실업, 노령, 장애, 질병, 빈곤 및 사망 등의 사회적 위험으로부터 모든 국민을 보호하고 국민 삶의 질을 향상 시키는데 필요한 소득·서비스를 보장하는 사회보험, 공공부조, 사회서비스를 말한다'라고 정의하고 있다.

7. 사회보장에 대해 잘못 이해하고 있는 사람은?

① 영은 : '사회보장'이라는 용어가 법률명으로 처음 사용된 것은 1935년 미국에서였대.

② 원일 : 각국에서 사회보장을 구체적인 사회정책으로 제도화하기 시작한 것은 제2차 세계대전 이후구나.

③ 지민 : 사회보장의 개념은 어떤 관점에서 보느냐에 따라 매우 다양하게 인식될 수 있겠군.

④ 정현 : 국제노동기구의 입장에 따르면 개인에 대한 개인의 보호나 보장 또한 사회보장으로 볼 수 있어.

8. 밑줄 친 단어가 한자로 바르게 표기된 것은?

① ㉠ 통용 - 通容

② ㉡ 책정 - 策正

③ ㉢ 파급 - 波及

④ ㉣ 양육 - 羊肉

9. 다음 토론의 '입론'에 대한 이해로 적절하지 못한 것은?

찬성 1 : 저는 한식의 표준화가 필요하다고 생각합니다. 이를 위해 한국을 대표하는 음식들의 조리법부터 표준화해야 합니다. 한식의 조리법은 복잡한 데다 계량화되어 있지 않은 경우가 많아서 조리하는 사람에 따라 많은 차이가 나게 됩니다. 게다가 최근에는 한식 고유의 맛과 모양에서 많이 벗어난 음식들까지 등장하여 한식 고유의 맛과 정체성을 흔들고 있습니다. 따라서 한국을 대표하는 음식들부터 식자재 종류와 사용량, 조리하는 방법 등을 일정한 기준에 따라 통일해 놓으면 한식 고유의 맛과 정체성을 지키는 데 큰 도움이 될 것입니다.

반대 2 : 한식의 표준화가 획일화를 가져와 한식의 다양성을 훼손할 수 있다는 생각은 안 해 보셨나요?

찬성 1 : 물론 해 보았습니다. 한식의 표준화가 한식의 다양성을 훼손할 수도 있지만, 한식 고유의 맛과 정체성을 지키기 위해서는 꼭 필요한 일입니다.

사회자 : 찬성 측 토론자의 입론과 이에 대한 교차 조사를 잘 들었습니다. 이어서 반대 측 토론자가 입론을 해 주시기 바랍니다.

반대 1 : 한식 고유의 맛과 정체성은 다른 데 있는 게 아니라 조리하는 사람의 깊은 손맛에 있다고 봅니다. 그런데 한식을 섣불리 표준화하면 이러한 한식 고유의 손맛을 잃어 버려 한식 고유의 맛과 정체성이 오히려 더 크게 훼손될 것입니다.

찬성 1 : 한식 조리법을 표준화하면 손맛을 낼 수 없다는 말씀이신가요?

반대 1 : 손맛은 조리하는 사람마다의 경험과 정성에서 우러나오는 것인데, 조리법을 표준화하면 음식에 이러한 것들을 담기 어려울 것입니다.

사회자 : 이어서 찬성과 반대 측 토론자의 두 번째 입론을 시작하겠습니다. 교차 조사도 함께 진행해 주시기 바랍니다.

찬성 2 : 저는 한식의 표준화가 한식의 세계화를 위해서도 꼭 필요하다고 생각합니다. 최근 케이팝(K-pop)과 드라마 등 한국 대중문화가 세계 속에 널리 알려지면서 우리 음식에 대한 세계인들의 관심이 점점 높아지고 있는데, 한식의 조리법이 표준화되어 있지 않아서 이것이 한식의 세계화에 걸림돌이 되고 있습니다. 얼마

전 외국의 한식당에 가 보니 소금에 절이지도 않은 배추를 고춧가루 양념에만 버무려 놓고, 이것을 김치로 판매하고 있더군요. 이런 문제들이 해결되어야 한식의 세계화가 원활하게 이루어질 것입니다.

반대 1 : 그것은 한식의 표준화보다 정책 당국의 관심과 적극적인 홍보를 통해 해결할 수 있는 문제가 아닐까요?

찬성 2 : 물론 그렇습니다. 그런데 한식의 표준화가 이루어져 있다면 정부의 홍보도 훨씬 쉬워질 것입니다.

반대 2 : 표준화가 되어 있지 않아도 외국에서 큰 호응을 얻고 있는 한식당들이 최근 점점 늘어가고 있습니다. 이런 추세를 감안할 때, 한식의 표준화가 한식의 세계화를 위해 꼭 필요한 것은 아니라고 생각합니다. 인도는 카레로 유명한 나라지만 표준화된 인도식 카레 같은 것은 없지 않습니까? 그리고 음식의 표준을 정한다는 것도 현실적으로 가능한 것인지 모르겠습니다. 세계인들의 입맛은 우리와 다르고 또 다양할 텐데 한식을 표준화하는 것은 오히려 한식의 세계화를 어렵게 할 수 있습니다.

① '찬성 1'은 한식 조리법의 특성과 최근의 부정적 상황을 논거로 제시하고 있다.

② '반대 1'은 한식의 표준화가 초래할 수 있는 부작용을 논거로 제시하고 있다.

③ '찬성 2'는 한식의 표준화가 여러 대안들 중 최선의 선택이라는 점을 부각하고 있다.

④ '반대 2'는 현황과 사례를 들어 한식의 표준화가 필요하지 않다는 논지를 강화하고 있다.

10. 함께 여가를 보내려는 A, B, C, D, E 다섯 사람의 자리를 원형 탁자에 배정하려고 한다. 다음 글을 보고 옳은 것을 고르면?

- A 옆에는 반드시 C가 앉아야 된다.
- D의 맞은편에는 A가 앉아야 된다.
- 여가시간을 보내는 방법은 책읽기, 수영, 영화 관람이다.
- C와 E는 취미생활을 둘이서 같이 해야 한다.
- B와 C는 취미가 같다.

① A의 오른편에는 B가 앉아야 한다.

② B가 책읽기를 좋아한다면 E도 여가 시간을 책읽기로 보낸다.

③ B는 E의 옆에 앉아야 한다.

④ A와 D 사이에 C가 앉아있다.

11. 다음 글은 ○○생명연구원의 연구자료이다. 이를 근거로 판단할 때, 옳은 평가를 내린 사람을 모두 고르면?

특정 물질의 치사량은 주로 동물 연구와 실험을 통해서 결정한다. 치사량의 단위는 주로 LD50을 사용하는데, 'LD'는 'Lethal Dose'e'의 약어로 치사량을 의미하고, '50'은 물질 투여 시 실험 대상 동물의 50%가 죽는 것을 의미한다. 이런 이유로 LD50을 반수(半數) 치사량이라고 한다. 일반적으로 치사량이란 '즉시' 생명을 앗아갈 수 있는 양을 의미하고 있으므로 '급성'반수 치사량이 사실 정확한 표현이다. LD50 값을 표기할 때는 보통 실험 대상 동물이 몸무게 1kg을 기준으로 하는 mg/kg 단위를 사용한다.

독성이 강하다는 보톡스의 LD50 값은 1ng/kg으로 복어 독보다 1만 배 이상 강하다. 일상에서 쉽게 접할 수 있는 카페인의 LD50 값은 200mg/kg이며 니코틴의 LD50 값은 1mg/kg이다. 커피 1잔에는 평균적으로 150mg의 카페인이 들어있으며 담배 한 개비에는 평균적으로 0.1mg의 니코틴이 함유되어 있다.

※ $1ng(나노그램)=10^{-6}mg=10^{-9}g$

갑 : 복어 독의 LD50 값은 0.01mg/kg 이상이다.

을 : 일반적으로 독성이 더 강한 물질일수록 LD50 값이 더 작다.

병 : 몸무게가 7kg인 실험 대상 동물의 50%가 즉시 치사하는 카페인 투여량은 1.4g이다.

정 : 몸무게가 60kg인 실험 대상 동물의 50%가 즉시 치사하는 니코틴 투여량은 1개비당 니코틴 함량이 0.1mg인 담배 60개비에 들어 있는 니코틴의 양에 상응한다.

① 갑, 을

② 갑, 병

③ 갑, 을, 병

④ 을, 병, 정

12. 다음은 ○○농산물품질관리원에서 연구한 정책보고서의 내용이다. 이 글을 근거로 판단할 때, 일반적으로 종자저장에 가장 적합한 함수율을 가진 원종자의 무게가 10g이면 건조종자의 무게는 얼마인가?

> 채종하여 파종할 때까지 종자를 보관하는 것을 '종자의 저장'이라고 하는데, 채종하여 1년 이내 저장하는 것을 단기저장, 2~5년은 중기저장, 그 이상은 장기저장이라고 한다.
> 종자의 함수율(moisture content)은 종자의 수명을 결정하는 가장 중요한 인자이다. 함수율은 아래와 같이 백분율로 표시한다.
>
> $$함수율(\%) = \frac{원종자\ 무게 - 건조종자\ 무게}{원종자\ 무게} \times 100$$
>
> 일반적으로 종자저장에 가장 적합한 함수율은 5~10%이다. 다만 참나무류 등과 같이 수분이 많은 종자들은 함수율을 약 30% 이상으로 유지해주어야 한다. 또한, 유전자 보존을 위해서는 보통 장기저장을 하는데 이에 가장 적합한 함수율은 4~6%이다. 일반적으로 온도와 수분은 종자의 저장 기간과 역의 상관관계를 갖는다.
> 종자는 저장 용이성에 따라 '보통저장성'종자와 '난저장성'종자로 구분한다. 보통저장성 종자는 종자 수분 5~10%, 온도 0℃ 부근에서 비교적 장기간 보관이 가능한데 전나무류, 자작나무류, 벚나무류, 소나무류 등 온대 지역의 수종 대부분이 이에 속한다. 하지만 대사작용이 활발하여 산소가 많이 필요한 난저장성 종자는 0℃ 혹은 약간 더 낮은 온도에서 저장하여야 건조되는 것을 방지할 수 있다. 이에 속하는 수종은 참나무류, 칠엽수류 등의 몇몇 온대수종과 모든 열대수종이다.
> 한편 종자의 저장 방법에는 '건조저장법'과 '보습저장법'이 있다. 건조저장법은 '상온저장법'과 '저온저장법'으로 구분한다. 상온저장법은 일정한 용기 안에 종자를 넣어 창고 또는 실내에서 보관하는 방법으로 보통 가을부터 이듬해 봄까지 저장하며, 1년 이상 보관 시에는 건조제를 용기에 넣어 보관한다. 반면에 저온저장법의 경우 보통저장성 종자는 함수율이 5~10% 정도 되도록 건조하여 주변에서 수분을 흡수할 수 없도록 밀봉 용기에 저장하여야 한다. 난저장성 종자는 -3℃ 이하에 저장해서는 안 된다.
> 보습저장법은 '노천매장법', '보호저방법', '냉습적법'등이 있다. 노천매장법은 양지바르고 배수가 잘되는 곳에 50~100cm 깊이의 구덩이를 파고 종자를 넣은 뒤 땅 표면은 흙을 덮어 겨울 동안 눈이나 빗물이 그대로 스며들 수 있도록 하는 방식이다. 보호저장법은 건사저장법이라고 하는데 참나무류, 칠엽수류 등 수분이 많은 종자가 부패하지 않도록 저장하는 방법이다. 냉습적법은 용기 안에 보습제인 이끼, 모래와 종자를 섞어서 놓고 3~5℃의 냉장고에 저장하는 방법이다.

① 6g ~ 6.5g

② 7g ~ 7.5g

③ 8g ~ 8.5g

④ 9g ~ 9.5g

13. 다음 글과 〈법조문〉을 근거로 판단할 때, 甲이 乙에게 2,000만 원을 1년간 빌려주면서 선이자로 800만 원을 공제하고 1,200만 원만을 준 경우, 乙이 갚기로 한 날짜에 甲에게 전부 변제하여야 할 금액은?

> 돈이나 물품 등을 빌려 쓴 사람이 돈이나 같은 종류의 물품을 같은 양만큼 갚기로 하는 계약을 소비대차라 한다. 소비대차는 이자를 지불하기로 약정할 수 있고, 그 이자는 일정한 이율에 의하여 계산한다. 이런 이자는 돈을 빌려주면서 먼저 공제할 수도 있는데, 이를 선이자라 한다. 한편 약정 이자의 상한에는 법률상의 제한이 있다.

〈법조문〉

제00조
① 금전소비대차에 관한 계약상의 최고이자율은 연 30%로 한다.
② 계약상의 이자로서 제1항에서 정한 최고이자율을 초과하는 부분은 무효로 한다.
③ 약정금액(당초 빌려주기로 한 금액)에서 선이자를 사전공제한 경우, 그 공제액이 '채무자가 실제 수령한 금액'을 기준으로 하여 제1항에서 정한 최고이자율에 따라 계산한 금액을 초과하면 그 초과부분은 약정금액의 일부를 변제한 것으로 본다.

---

① 760만 원

② 1,000만 원

③ 1,560만 원

④ 1,640만 원

14. 다음은 정부에서 지원하는 〈귀농인 주택시설 개선사업 개요〉와 〈심사 기초 자료〉이다. 이를 근거로 판단할 때, 지원대상 가구만을 모두 고르면?

〈귀농인 주택시설 개선사업 개요〉
□ 사업목적 : 귀농인의 안정적인 정착을 도모하기 위해 일정 기준을 충족하는 귀농가구의 주택 개·보수 비용을 지원
□ 신청자격 : △△군에 소재하는 귀농가구 중 거주기간이 신청마감일(2014. 4. 30.) 현재 전입일부터 6개월 이상이고, 가구주의 연령이 20세 이상 60세 이하인 가구
□ 심사기준 및 점수 산정방식
• 신청마감일 기준으로 다음 심사기준별 점수를 합산한다.
• 심사기준별 점수
　(1) 거주기간 : 10점(3년 이상), 8점(2년 이상 3년 미만), 6점(1년 이상 2년 미만), 4점(6개월 이상 1년 미만)
　　※ 거주기간은 전입일부터 기산한다.
　(2) 가족 수 : 10점(4명 이상), 8점(3명), 6점(2명), 4점(1명)
　　※ 가족 수에는 가구주가 포함된 것으로 본다.
　(3) 영농규모 : 10점(1.0 ha 이상), 8점(0.5 ha 이상 1.0 ha 미만), 6점(0.3 ha 이상 0.5 ha 미만), 4점(0.3 ha 미만)
　(4) 주택노후도 : 10점(20년 이상), 8점(15년 이상 20년 미만), 6점(10년 이상 15년 미만), 4점(5년 이상 10년 미만)
　(5) 사업시급성 : 10점(매우 시급), 7점(시급), 4점(보통)
□ 지원내용
• 예산액 : 5,000,000원
• 지원액 : 가구당 2,500,000원
• 지원대상 : 심사기준별 점수의 총점이 높은 순으로 2가구. 총점이 동점일 경우 가구주의 연령이 높은 가구를 지원. 단, 하나의 읍·면당 1가구만 지원 가능

〈심사 기초 자료(2014. 4. 30. 현재)〉

귀농 가구	가구주 연령 (세)	주소지 (△△군)	전입일	가족 수 (명)	영농 규모 (ha)	주택 노후도 (년)	사업 시급성
甲	49	A	2010. 12. 30	1	0.2	17	매우 시급
乙	48	B	2013. 5. 30	3	1.0	13	매우 시급
丙	56	B	2012. 7. 30	2	0.6	23	매우 시급
丁	60	C	2013. 12. 30	4	0.4	13	시급
戊	33	D	2011. 9. 30	2	1.2	19	보통

① 甲, 乙　　　　　② 甲, 丙
③ 乙, 丙　　　　　④ 乙, 丁

15. 당신의 팀은 본부 내 다른 팀과 비교하였을 때 계속 실적이 떨어지는 추세를 보이고 있다. 곰곰이 따져 다음과 같은 여러 가지 팀 내 현상을 정리한 당신은 실적 하락의 근본 원인을 찾아 들어가 도식화하여 팀장에게 보고하려 한다. 다음 중 현상 간의 인과관계를 따져볼 때 당신이 ⓒ에 입력할 내용으로 가장 적절한 것은?

• 팀장이 항상 너무 바쁘다.
• 팀장의 팀원 코칭이 불충분하다.
• 팀원의 업무 숙련도가 떨어진다.
• 팀장은 대부분 업무를 본인이 직접 하려 한다.
• 팀에 할당되는 업무가 매우 많다.

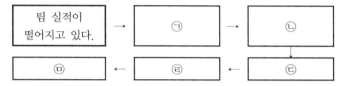

① 팀장이 너무 바쁘다.
② 팀장의 팀원 코칭이 불충분하다.
③ 팀원의 업무 숙련도가 떨어진다.
④ 팀장은 대부분 업무를 본인이 직접 하려 한다.

16. 연금급여실 최 과장은 국민연금 가입률을 조사하기 위해 A, B 두 지역의 가구 수를 다음과 같이 조사하였다. 조사 자료를 보고 최 과장이 판단한 내용 중 옳은 것으로만 모두 고른 것은?

〈지역별 가구 형태 분포〉
(단위 : 가구)

구분	총 가구 수	1인 가구 수	1세대 가구 수	2세대 가구 수	3세대 이상 가구 수
A지역	10,000	3,000	4,000	2,500	500
B지역	8,000	3,500	4,000	400	100

㉠ A지역이 B지역보다 핵가족 수가 적다.
㉡ A지역이 B지역보다 총 인구수가 적다.
㉢ 1인 가구 총 인구수는 A지역이 B지역보다 적다.
㉣ 1세대 가구의 비율은 A지역보다 B지역이 더 높다.

① ㉢㉣
② ㉠㉢
③ ㉡㉣
④ ㉠㉡

17. 부모를 대상으로 부모 – 자녀 간 대화의 실태를 조사하고자 한다. 아래 설문지에 추가해야 할 문항으로 가장 적절한 것은?

> • 일주일에 자녀와 몇 번 대화를 하십니까?
> • 자녀와 부모님 중 누가 먼저 대화를 시작하십니까?
> • 자녀와의 정서적 대화가 얼마나 중요하다고 생각하십니까?
> • 직접 대화 외에 다른 대화 방법(예 이메일, 편지 등)을 활용하십니까?

① 선호하는 대화의 장소는 어디입니까?

② 우울하십니까?

③ 직장에 다니십니까?

④ 자녀와 하루에 대화하는 시간은 어느 정도입니까?

18. 다음과 같이 상사 앞으로 팩스 전송된 심포지엄 초청장을 수령하였다. 상사는 현재 출장 중이며 5월 29일 귀국 예정이다. 부하직원의 대처로서 가장 적절하지 않은 것은?

> 1. 일시 : 2012년 5월 31일(목) 13:30–17:00
> 2. 장소 : 미래연구소 5층 회의실
> 3. 기타 : 회원(150,000원) / 비회원(200,000원)
> 4. 발표주제 : 지식경영의 주체별 역할과 대응방향
>   A. 국가 : 지식국가로 가는 길(미래 연구소 류상영 실장)
>   B. 기업 : 한국기업 지식경영모델(S연수원 김영수 이사)
>   C. 지식인의 역할과 육성방안(S연수원 황철 이사)
> 5. 문의 및 연락처 : 송수현 대리(전화 02-3780-8025)

① 상사의 일정가능여부 확인 후 출장 중에 있는 상사에게 간략하게 심포지엄 내용을 보고한다.

② 선임 대리에게 연락하여 참여인원 제한여부 등 관련 정보를 수집한다.

③ 상사가 이미 5월 31일 다른 일정이 있으므로 선임 대리에게 상사가 참석 불가능하다는 것을 알린다.

④ 상사에게 대리참석여부를 확인하여 관련자에게 상사의 의사가 전달될 수 있도록 한다.

19. 직업이 각기 다른 A, B, C, D 네 사람이 여행을 떠나기 위해 기차의 한 차 안에 앉아 있다. 네 사람은 모두 색깔이 다른 옷을 입었고 두 사람씩 얼굴을 마주하고 앉아 있다. 그 중 두 사람은 창문쪽에, 나머지 두 사람은 통로 쪽에 앉아 있으며 다음과 같은 사실들을 알고 있다. 다음에서 이 모임의 회장과 부회장의 직업을 순서대로 바르게 짝지은 것은?

> ㈀ 경찰은 B의 왼쪽에 앉아 있다.
> ㈁ A는 파란색 옷을 입고 있다.
> ㈂ 검은색 옷을 입고 있는 사람은 의사의 오른쪽에 앉아 있다.
> ㈃ D의 맞은편에 외교관이 앉아 있다.
> ㈄ 선생님은 초록색 옷을 입고 있다.
> ㈅ 경찰은 창가에 앉아 있다.
> ㈆ 갈색 옷을 입은 사람이 모임 회장이며, 파란색 옷을 입은 사람이 부회장이다.
> ㈇ C와 D는 서로 마주보고 앉아있다.

① 회장 – 의사   부회장 – 외교관

② 회장 – 의사   부회장 – 경찰

③ 회장 – 경찰   부회장 – 의사

④ 회장 – 외교관   부회장 – 선생님

| 20~21 | 다음은 국민연금의 사업장 가입자 자격취득 신고와 관련한 내용의 안내 자료이다. 다음을 읽고 이어지는 물음에 답하시오.

가. 신고대상
  (1) 18세 이상 60세 미만인 사용자 및 근로자(단, 본인의 신청에 의해 적용 제외 가능)
  (2) 단시간근로자로 1개월 이상, 월 60시간(주 15시간) 이상 일하는 사람
  (3) 일용근로자로 사업장에 고용된 날부터 1개월 이상 근로하고, 근로일수가 8일 이상 또는 근로시간이 월 60시간 이상인 사람
    ※ 단, 건설일용근로자는 공사현장을 사업장 단위로 적용하며, 1개월간 근로일수가 20일 이상인 경우 사업장 가입자로 적용
  (4) 조기노령연금 수급권자로서 소득이 있는 업무에 종사하거나, 본인이 희망하여 연금지급이 정지된 사람
    ※ 소득이 있는 업무 종사 : 월 2,176,483원(2017년 기준, 사업소득자 필요경비 공제 후 금액, 근로소득자 근로 소득공제 후 금액)이 넘는 소득이 발생되는 경우
  (5) 월 60시간 미만인 단시간근로자 중 생업목적으로 3개월 이상 근로를 제공하기로 한 대학 시간강사 또는 사용자 동의를 받아 근로자 적용 희망하는 사람

나. 근로자의 개념
  (1) 근로자 : 직업의 종류에 관계없이 사업장에서 노무를 제공하고 그 대가로 임금을 받아 생활하는 자(법인의 이사, 기타 임원 포함)
  (2) 근로자에서 제외되는 자
    • 일용근로자나 1개월 미만의 기한을 정하여 사용되는 근로자
      ※ 다만, 1개월 이상 계속 사용되는 경우에는 자격 취득신고 대상임
    • 법인의 이사 중 「소득세법」에 따른 근로소득이 발생하지 않는 사람
    • 1개월 동안의 소정근로시간이 60시간 미만인 단시간근로자. 다만, 해당 단시간근로자 중 생업을 목적으로 3개월 이상 계속하여 근로를 제공하는 사람으로서, 대학 시간강사와 사용자의 동의를 받아 근로자로 적용되기를 희망하는 사람은 제외함
    • 둘 이상 사업장에 근로를 제공하면서 각 사업장의 1개월 소정근로시간의 합이 60시간 이상인 사람으로서 1개월 소정근로시간이 60시간 미만인 사업장에서 근로자로 적용되기를 희망하는 사람(2016. 1. 1. 시행)
  (3) 생업 목적 판단 기준 : 생업 목적은 원칙적으로 "다른 직업이 없는 경우"를 말하며, 다음의 경우에는 다른 직업이 있는 것으로 보아 생업 목적에 해당되지 않음
    • 국민연금 사업장가입자로 이미 가입되어 있거나,
    • 국민연금 지역가입자(소득신고자에 한함)로 사업자등록자의 경우 또는 다른 공적소득이 많은 경우

다. 자격취득시기
  (1) 사업장이 1인 이상의 근로자를 사용하게 된 때
  (2) 국민연금 적용사업장에 근로자 또는 사용자로 종사하게 된 때
  (3) 임시·일용·단시간근로자가 당연적용 사업장에 사용된 때 또는 근로자로 된 때
  (4) 국민연금 가입사업장의 월 60시간 미만 단시간근로자 중 생업을 목적으로 3개월 이상 근로를 제공하는 사람(대학 시간강사 제외)의 가입신청이 수리된 때
  (5) 둘 이상의 사업장에서 1개월 소정근로시간의 합이 60시간 이상이 되는 단시간근로자의 가입신청이 수리된 때
    ※ 신고를 하지 않는 경우 근로자의 청구 또는 공단 직권으로 확인 시 자격 취득

20. 다음 중 위 안내 자료의 내용을 올바르게 이해한 것은 어느 것인가?
① 근로일수가 8일 이상인 건설일용근로자는 신고대상이 된다.
② 월 300만 원의 세후 소득이 있는 조기노령연금 수급권자는 신고대상이 될 수 없다.
③ 근로시간이 월 70시간인 1년 계약 대학 시간강사는 신고대상이 될 수 있다.
④ 지역가입자 중 공적소득이 많은 것으로 인정되는 자는 근로자의 개념에 포함되지 않는다.

21. 다음 보기에 제시된 사람 중 국민연금 사업장 가입자 자격 취득 신고를 해야 하는 사람은 누구인가?
① 두 개의 사업장에서 도합 60시간 근로하는 사람으로 추가 사업장에서 매주 2시간씩의 근로를 제공하는 근로자가 되기를 희망하는 자
② 월 50시간, 3개월 계약 조건을 맺은 생업을 목적으로 한 대학 시간강사
③ 근로계약 기간을 연장 없이 처음부터 1개월 미만으로 정하고 근로를 시작한 근로자
④ K사(법인)의 명예직 전무이사로 소득이 발생하지 않는 자

22. 다음 표는 타이타닉 승선자의 생존율에 관한 자료이다. 이에 대한 설명으로 옳지 않은 것은?

	어린이				어른				생존율
	남자		여자		남자		여자		
	생존	사망	생존	사망	생존	사망	생존	사망	
1등실	5명	0명	1명	0명	57명	118명	140명	4명	62.2%
2등실	11명	0명	13명	0명	14명	154명	80명	13명	41.4%
3등실	13명	35명	14명	17명	75명	387명	76명	89명	25.2%
승무원	0명	0명	0명	0명	192명	670명	20명	3명	24.0%

① 3등실 어린이의 생존율이 3등실 어른의 생존율보다 높다.

② 남자 승무원의 생존율은 2등실 남자의 생존율보다 높다.

③ 남자 승무원과 여자 승무원의 생존율은 각각 3등실 남자와 3등실 여자의 생존율보다 높다.

④ 승선자 가운데 여성의 비율은 1등실에서 가장 높고 3등실, 2등실 그리고 승무원의 순서이다.

23. 다음 표는 두 나라의 출산휴가와 육아휴가 최대 기간과 임금대체율에 대한 내용이다. 정상 주급이 60만 원을 받는 두 나라 여성이 각각 1월 1일(월)부터 출산휴가와 육아휴가를 최대한 사용할 경우, 첫 52주의 기간에 대하여 두 여성이 받게 되는 총임금의 차이는? (단, 육아휴가는 출산휴가 후 연이어 사용하며, 육아휴가를 사용한 후에는 바로 업무에 복귀하여 정상 주급을 받는다. 또한 임금대체율은 $\frac{\text{휴가기간의 주급}}{\text{정상 주급}} \times 100$으로 구한다)

구분	출산휴가		육아휴가	
	최대 기간	임금대체율	최대 기간	임금대체율
A국	15주	100%	52주	80%
B국	15주	60%	35주	50%

① 800만 원 초과 900만 원 이하

② 900만 원 초과 1,000만 원 이하

③ 1,000만 원 초과 1,100만 원 이하

④ 1,100만 원 초과 1,200만 원 이하

24. 갑동이는 올해 10살이다. 엄마의 나이는 갑동이와 누나의 나이를 합한 값의 두 배이고, 3년 후의 엄마의 나이는 누나의 나이의 세 배일 때, 올해 누나의 나이는 얼마인가?

① 12세　　　　　　② 13세

③ 14세　　　　　　④ 15세

25. 아래 표는 어떤 보험 회사에 하루 동안 청구되는 보상 건수와 확률이다. 이틀 연속으로 청구된 보상 건수의 합이 2건 미만일 확률은? (단, 첫째 날과 둘째 날에 청구되는 보상건수는 서로 무관하다.)

보상 건수	0	1	2	3 이상
확률	0.4	0.3	0.2	0.1

① 0.4　　　　　　② 0.5

③ 0.6　　　　　　④ 0.7

26. 어느 학교에서 500명의 학생들을 대상으로 A, B, C 3가지의 시험을 시행하여 다음과 같은 결과를 얻었다. A, B, C 시험에 모두 불합격한 학생은 몇 명인가?

- A의 합격자는 110명, B의 불합격자는 250명, C의 합격자는 200명이다.
- A와 C 모두에 합격한 학생은 45명, B와 C 모두에 합격한 학생은 60명이다.
- B에만 합격한 학생은 90명이다.
- 3가지 시험 모두에 합격한 학생은 30명이다.

① 140명　　　　　　② 145명

③ 150명　　　　　　④ 155명

27. ㈜서원산업은 신제품을 개발한 후 가격을 결정하기 위하여 시장조사를 하여 다음과 같은 결과를 얻었다. 이 결과를 감안할 때 판매 총액이 최대가 되는 신제품의 가격은 얼마인가?

- 가격을 10만 원으로 하면 총 360대가 팔린다.
- 가격을 1만 원 올릴 때마다 판매량은 20대씩 줄어든다.

① 11만 원　　　　　　② 12만 원

③ 13만 원　　　　　　④ 14만 원

28. 다음은 2017년 ○○시 '가 ~ '다' 지역의 아파트 실거래 가격 지수를 나타낸 것이다. 이에 대한 설명으로 옳은 것은?

월＼지역	가	나	다
1	100.0	100.0	100.0
2	101.1	101.6	99.9
3	101.9	103.2	100.0
4	102.6	104.5	99.8
5	103.0	105.5	99.6
6	103.8	106.1	100.6
7	104.0	106.6	100.4
8	105.1	108.3	101.3
9	106.3	110.7	101.9
10	110.0	116.9	102.4
11	113.7	123.2	103.0
12	114.8	126.3	102.6

※ N월 아파트 실거래 가격지수

$= \dfrac{\text{해당 지역의 } N\text{월 아파트 실거개 가격}}{\text{해당 지역의 1월 아파트 실거래 가격}} \times 100$

① '가' 지역의 12월 아파트 실거래 가격은 '다' 지역의 12월 아파트 실거래 가격보다 높다.

② '나' 지역의 아파트 실거래 가격은 다른 두 지역의 아파트 실거래 가격보다 매월 높다.

③ '다' 지역의 1월 아파트 실거래 가격과 3월 아파트 실거래 가격은 같다.

④ '가' 지역의 1월 아파트 실거래 가격이 1억 원이라면 '가' 지역의 7월 아파트 실거래 가격은 1억 4천만 원이다.

▌29~30 ▌ 다음 자료를 보고 이어지는 물음에 답하시오.

〈65세 이상 노인인구 대비 기초 (노령)연금 수급자 현황〉

(단위 : 명, %)

연도	65세 이상 노인인구	기초(노령) 연금수급자	국민연금 동시 수급자
2009	5,267,708	3,630,147	719,030
2010	5,506,352	3,727,940	823,218
2011	5,700,972	3,818,186	915,543
2012	5,980,060	3,933,095	1,023,457
2013	6,250,986	4,065,672	1,138,726
2014	6,520,607	4,353,482	1,323,226
2015	6,771,214	4,495,183	1,444,286
2016	6,987,489	4,581,406	1,541,216

〈가구유형별 기초연금 수급자 현황(2016년)〉

(단위 : 명, %)

65세 이상 노인 수	수급자 수					수급률
	계	단독가구	부부가구			
			소계	1인수급	2인수급	
6,987,489	4,581,406	2,351,026	2,230,380	380,302	1,850,078	65.6

29. 위 자료를 참고할 때, 2009년 대비 2016년의 기초연금 수급률 증감률은 얼마인가? (백분율은 반올림하여 소수 첫째 자리까지만 표시함)

① - 2.7% ② -3.2%

③ -3.6% ④ -4.8%

30. 다음 중 위의 자료를 올바르게 분석한 것이 아닌 것은?

① 기초연금 수급자 대비 국민연금 동시 수급자의 비율은 2009년 대비 2016년에 증가하였다.

② 2016년 1인 수급자는 전체 기초연금 수급자의 약 17%에 해당한다.

③ 2016년 단독가구 수급자는 전체 수급자의 50%가 넘는다.

④ 2009년 대비 2016년의 65세 이상 노인인구 증가율보다 기초연금수급자의 증가율이 더 낮다.

31. 공무원연금공단은 다음 기준에 따라 사망조위금을 지급하고 있다. 기준을 근거로 판단할 때 옳게 판단한 직원을 모두 고르면? (단, 사망조위금은 최우선 순위의 수급권자 1인에게만 지급한다)

〈사망조위금 지급기준〉

사망자	수급권자 순위	
공무원의 배우자·부모 (배우자의 부모 포함)·자녀	해당 공무원이 1인인 경우	해당 공무원
	해당 공무원이 2인 이상인 경우	1. 사망한 자의 배우자인 공무원 2. 사망한 자를 부양하던 직계비속인 공무원 3. 사망한 자의 최근친 직계비속인 공무원 중 최연장자 4. 사망한 자의 최근친 직계비속의 배우자인 공무원 중 최연장자 직계비속의 배우자인 공무원

공무원 본인	1. 사망한 공무원의 배우자
	 2. 사망한 공무원의 직계비속 중 공무원
	 3. 장례와 제사를 모시는 자 중 아래의 순위
	    가. 사망한 공무원의 최근친 직계비속 중 최연장자
	    나. 사망한 공무원의 최근친 직계존속 중 최연장자
	    다. 사망한 공무원의 형제자매 중 최연장자	

> 甲 : A와 B는 비(非)공무원 부부이며 공무원 C(37세)와 공무원 D(32세)를 자녀로 두고 있다. 공무원 D가 부모님을 부양하던 상황에서 A가 사망하였다면, 사망조위금 최우선 순위 수급권자는 D이다.
>
> 乙 : A와 B는 공무원 부부로 비공무원 C를 아들로 두고 있으며, 공무원 D는 C의 아내이다. 만약 C가 사망하였다면, 사망조위금 최우선 순위 수급권자는 A이다.
>
> 丙 : 공무원 A와 비공무원 B는 부부이며 비공무원 C(37세)와 비공무원 D(32세)를 자녀로 두고 있다. A가 사망하고 C와 D가 장례와 제사를 모시는 경우, 사망조위금 최우선 순위 수급권자는 C이다.

① 甲   ② 乙

③ 丙   ④ 甲, 乙

---

32. 다음은 ○○발전회사의 연도별 발전량 및 신재생에너지 공급 현황에 대한 자료이다. 이에 대한 설명으로 옳은 것만을 바르게 짝지은 것은?

○○발전회사의 연도별 발전량 및 신재생에너지 공급 현황

구분	연도	2015	2016	2017
발전량(GWh)		55,000	51,000	52,000
신재생 에너지	공급의무율(%)	1.4	2.0	3.0
	자체공급량(GWh)	75	380	690
	인증서구입량(GWh)	15	70	160

※ 공급의무율 $= \dfrac{\text{공급의무량}}{\text{발전량}} \times 100$

※ 이행량(GWh) = 자체공급량 + 인증서구입량

> ㉠ 공급의무량은 매년 증가한다.
> ㉡ 2015년 대비 2017년 자체공급량의 증가율은 2015년 대비 2017년 인증서구입량의 증가율보다 작다.
> ㉢ 공급의무량과 이행량의 차이는 매년 증가한다.
> ㉣ 이행량에서 자체공급량이 차지하는 비중은 매년 감소한다.

① ㉠㉡   ② ㉠㉢

③ ㉢㉣   ④ ㉠㉡㉣

---

33. 다음 표는 지역별 대형마트 수의 증감에 대한 자료이다. 2011년 대형마트 수가 가장 많은 지역과 가장 적은 지역을 바르게 짝지은 것은?

(단위 : %, 개)

지역	11년 대비 12년 증감률	12년 대비 13년 증감수	13년 대비 14년 증감수	14년 대형마트 수
A	12	1	−1	15
B	15	0	−1	10
C	−10	1	−3	6
D	−14	−3	2	6

※ 2011년 대비 2012년 증감률은 소수점 아래 첫째 자리에서 반올림한 값임.

	가장 많은 지역	가장 적은 지역
①	A	B
②	B	C
③	C	A
④	A	D

34. 다음은 공무원에게 적용되는 '병가' 규정의 일부이다. 다음을 참고할 때, 규정에 맞게 병가를 사용한 것으로 볼 수 없는 사람은 누구인가?

> **병가(복무규정 제18조)**
> ▲ 병가사유
> - 질병 또는 부상으로 인하여 직무를 수행할 수 없을 때
> - 감염병의 이환으로 인하여 그 공무원의 출근이 다른 공무원의 건강에 영향을 미칠 우려가 있을 때
> ▲ 병가기간
> - 일반적 질병 또는 부상: 연 60일의 범위 내
> - 공무상 질병 또는 부상: 연 180일의 범위 내
> ▲ 진단서를 제출하지 않더라도 연간 누계 6일까지는 병가를 사용할 수 있으나, 연간 누계 7일째 되는 시점부터는 진단서를 제출하여야 함.
> ▲ 질병 또는 부상으로 인한 지각 · 조퇴 · 외출의 누계 8시간은 병가 1일로 계산, 8시간 미만은 계산하지 않음
> ▲ 결근 · 정직 · 직위해제일수는 공무상 질병 또는 부상으로 인한 병가일수에서 공제함.

① 공무상 질병으로 179일 병가 사용 후, 같은 질병으로 인한 조퇴 시간 누계가 7시간인 K씨
② 진단서 없이 6일간의 병가 사용 후 지각 · 조퇴 · 외출 시간이 각각 3시간씩인 J씨
③ 일반적 질병으로 인하여 직무 수행이 어려울 것 같아 50일 병가를 사용한 S씨
④ 정직 30일의 징계와 30일의 공무상 병가를 사용한 후 지각 시간 누계가 7시간인 L씨

35. U회사에서 사원 김씨, 이씨, 정씨 3인을 대상으로 승진시험을 치뤘다. 다음 〈보기〉에 따라 승진이 결정된다고 할 때 승진하는 사람은?

> 〈보기〉
> • U회사에서 김씨, 이씨, 정씨 세 명의 승진후보자가 시험을 보았으며, 상식 30문제, 영어 20문제가 출제되었다.
> • 상식은 정답을 맞힌 개수 당 5점씩, 틀린 개수 당 -3점씩을 부여하고, 영어의 경우 정답을 맞힌 개수 당 10점씩, 틀린 개수 당 -5점씩을 부여한다.
> • 채점 방식에 따라 계산했을 때 250점 이하이면 승진에서 탈락한다.
> • 각 후보자들이 정답을 맞힌 문항의 개수는 다음과 같고, 이 이외의 문항은 모두 틀린 것이다.

	상식	영어
김씨	24	16
이씨	20	19
정씨	28	15

① 김씨와 이씨
② 김씨와 정씨
③ 이씨와 정씨
④ 모두 승진

36. 어느 회사에서 직원 A, B, C, D, E, F에 대한 신체검사 순서를 정할 때 다음과 같은 조건을 충족시켜야 한다면 순서로 가능한 것은?

> • B에 대한 검사는 D또는 E 중 어느 한 명에 대한 검사보다 먼저 시작되어야 한다.
> • F에 대한 검사는 C나 D에 대한 검사보다 늦게 시작될 수는 있으나, E에 대한 검사보다 나중에 시작될 수 없다.
> • A에 대한 검사는 아무리 늦어도 C 또는 D 중 적어도 어느 한 명에 대한 검사보다는 먼저 시작되어야 한다.

① C − B − F − E − D − A
② E − C − B − A − F − D
③ D − A − B − E − F − C
④ B − C − A − F − E − D

37. 다음은 어느 회사의 신입사원 선발 조건과 지원자 현황이다. 다음 조건에 따를 때 반드시 선발되는 사람은?

> 〈지원자 현황〉
> • A, B, C, D 총 4명이 지원하였다.
> • A와 B는 추천을 받은 지원자이다.
> • B와 C는 같은 학교 출신이다.
> • A와 C는 남성이다.
> • B와 D는 여성이다.
>
> 〈선발 조건〉
> • 2명의 지원자를 반드시 선발해야 한다.
> • 추천을 받은 지원자 중에는 1명을 초과하여 선발할 수 없다.
> • 같은 학교 출신 지원자는 1명을 초과하여 선발할 수 없다.
> • 남성 지원자만을 선발하거나 여성 지원자만을 선발할 수 없다.

① A   ② B
③ C   ④ D

38. 다음 팀별 성과 지표와 조건에 따라서 팀별로 점수를 매기고자 할 때, 총점이 가장 높은 팀은?

〈팀별 성과 지표〉

팀	오류발생률	영업실적	고객만족	목표달성
A	1.5	9	8	7
B	1.3	6	10	6
C	0.4	7	4	8
D	0.6	10	9	9

〈조건〉
- 오류발생률은 낮은 순서대로, 그 밖의 항목들은 높은 순서대로 1순위부터 4순위까지 순위를 정한다.
- 각 항목의 1순위에 4점, 2순위에 3점, 3순위에 2점, 4순위에 1점을 각각 부여한다.
- 오류발생률이 1미만인 팀에게는 1점의 가산점을 부여한다.
- 다른 팀과 비교하여 가장 많은 항목에서 1위를 한 팀에게는 5점의 가산점을 부여한다.
- 오류발생률을 제외하고 그 밖의 항목에서 측정값이 5 미만의 값이 있는 팀은 3점을 감점한다.

① A

② B

③ C

④ D

39. ◇◇국제협력단의 회의 담당자인 S과장이 회사의 〈통역경비 산정기준〉과 아래의 〈상황〉을 근거로 판단할 때, 회사에서 지불해야 하는 A시에서 개최한 설명회에 쓴 총 통역경비는?

〈통역경비 산정기준〉
통역경비는 통역료와 출장비(교통비, 이동보상비)의 합으로 산정한다.
- 통역료(통역사 1인당)

구분	기본요금(3시간까지)	추가요금(3시간 초과 시)
영어, 아랍어, 독일어	500,000원	100,000원/시간
베트남어, 인도네시아어	600,000원	150,000원/시간

- 출장비(통역사 1인당)
  - 교통비는 왕복으로 실비 지급
  - 이동보상비는 이동시간 당 10,000원 지급

〈상황〉
◇◇국제협력단은 2021년 3월 9일 A시에서 설명회를 개최하였다. 통역은 영어와 인도네시아어로 진행되었고, 영어 통역사 2명과 인도네시아어 통역사 2명이 통역하였다. 설명회에서 통역사 1인당 영어 통역은 4시간, 인도네이사어 통역은 2시간 진행되었다. A시까지는 편도로 2시간이 소요되며, 개인당 교통비는 왕복으로 100,000원이 들었다.

① 244만 원

② 276만 원

③ 288만 원

④ 296만 원

40. 다음은 오 과장과 권 대리가 다니고 있는 직장의 수당지급에 대한 자료이다. 다음에 근거할 때, 오 과장과 권 대리가 받게 될 수당의 합계 금액은 얼마인가?

〈수당지급규정〉

수당의 종류	지급액 계산방법
시간외 근무수당	통상임금×1.5÷200×근무시간
야간 근무수당	통상임금×0.5÷200×근무시간
휴일 근무수당	통상임금×0.5÷200×근무시간

* 2개 이상의 근무가 겹치는 경우, 시간외 근무로 판단함.

〈추가 근무 시간 내역〉

	시간외 근무	야간 근무	휴일 근무
오 과장	18시간	4시간	8시간
권 대리	22시간	5시간	12시간

* 오 과장과 권 대리의 통상임금은 각각 320만 원과 280만 원임.

① 110.9만 원

② 108.3만 원

③ 102.8만 원

④ 98.5만 원

41. 다음은 ○○시설관리공단 홍보마케팅부서의 보고서이다. 이를 바탕으로 공단의 당면과제를 도출한 것으로 가장 적절하지 않은 의견은?

[4차 산업혁명 도래에 따른 공단 미래 대응 방안]

1. 공단의 현수준에 대한 진단
- 시(市) 대행사업 체제로 인한 사업수행 및 예산운용상의 자율성에 한계
  - 자원(예산, 인력 등) 운용 한계, 성과 재고를 위한 동기부여(보상 등) 미흡
- 노동집약적이고 다양한 관리 구조로 운영됨
  - 조직 규모 비대화 및 상호 연관성 없는 백화점식(다양한) 사업 운영
- 공공분야 시민참여 증대, 대시민 서비스 질적 향상 및 안전에 대한 요구도 증가
  - 공공기관 고유의 보수적 사고와 태도로 사회적 변화에 대응력 한계
- 공익성과 수익성을 동시에 창출해야 하는 시대적 요구 직면
- 4차 산업혁명 시대, 각 사업별로 미칠 파장에 대한 정확한 예측이 어려움

2. SWOT 분석을 통한 현황 파악

내부환경 / 외부환경	강점\Strengths	약점 \ Weaknesses
	-IoT 기술적용이 용이한 플랫폼 보유 → O2O 시장에서 오프라인플랫폼 보유 -시설물 유지관리 노하우 및 기술력 -신기술 도입에 대한 경영진의 의지	-대행사업 체제로 자율성 한계 → 사업수행, 예산운용 등 -노동집약적 관리 구조 운영 -시대적 변화에 대응력 미흡
기회\Opportunities	공격적 전략 SO	개선 전략 WO
-공공시설에 대한 시민참여 수요 증가 -민관협치 조례 제정, '협치서울협약' 선언 등으로 협업 환경 조성	·신기술을 통한 사업 운영 효율화 ·온·오프라인 플랫폼 구축	·디지털기술의 제도적 환경 개선 ·디지털 거버넌스 추진
위협\Threats	다각화 전략 ST	방어적 전략 WT
-변화의 방향, 예측이 어려움 -사물인터넷 연결 등에 따른 보안(개인정보유출), 해킹문제 잔존 -관련 법적·제도적 사항 미비 -공공서비스 및 '시민안전' 수요 증가 -공익성과 수익성의 동시 창출 요구	·디지털기술 전문인력 확보 ·갈등 조정 코디네이터 활용	·디지털기술 구현을 위한 직원역량 강화

① 박 과장 : 과학기술혁명이 몰고 올 기회와 위협 앞에 조직구조 및 시스템 변화가 시급하며, 전문 인력 채용 및 대비책 마련이 불가피하다.

② 이 대리 : 과학기술과 사회문화적 변화에 따른 제도적 보완으로 시(市) 주무부서와의 협력이 요구된다.

③ 허 주임 : 의회 조례개정 등을 통한 제도적 환경개선이 필요하며, 시대적 변화를 준비하기 위해 직원 개개인의 능동적인 동참이 요구된다.

④ 남 주임 : 지출 절감을 통한 시(市) 예산 기여 및 시민만족도 재고를 위해 기존 보유하고 있는 기술의 유지관리가 요구된다.

---

42. 다음 글을 읽고 환경 분석결과에 대한 가장 적절한 전략을 고른 것은?

SWOT이란, 강점(Strength), 약점(Weakness) 기회(Opportunity), 위협(Threat)의 머리글자를 모아 만든 단어로 경영 전략을 수립하기 위한 분석도구이다. SWOT분석을 통해 도출된 조직의 외부/내부 환경을 분석 결과를 통해 각각에 대응하는 전략을 도출하게 된다.

SO 전략이란 기회를 활용하면서 강점을 더욱 강화하는 공격적인 전략이고, WO 전략이란 외부환경의 기회를 활용하면서 자신의 약점을 보완하는 전략으로 이를 통해 기업이 처한 국면의 전환을 가능하게 할 수 있다. ST 전략은 외부환경의 위험요소를 회피하면서 강점을 활용하는 전략이며, WT 전략이란 외부환경의 위험 요인을 회피하고 자사의 약점을 보완하는 전략으로 방어적 성격을 갖는다.

내부환경 / 외부환경	강점(Strength)	약점(Weakness)
기회(Opportunity)	① SO전략(강점-기회 전략)	② WO전략(약점-기회 전략)
위협(Threat)	③ ST전략(강점-위협 전략)	④ WT전략(약점-위협 전략)

S 커피전문점 환경 분석결과	
강점 (Strength)	·강력한 브랜드 파워 ·커스터마이징이 가능한 고객 구문 방식 구축
약점 (Weakness)	·비싼 제품 가격에 대한 부정적 인식 ·타사와 쉽게 차별화되지 않는 제품의 맛
기회 (Opportunity)	·가치중심적 구매 행태 확산 ·1인당 커피 소비량 증가
위협 (Threat)	·원두 생산공정의 기계화, 화학화로 인한 품질 저하 ·불합리한 원두생산공정에 관한 사회적 인식 증대 ·커피 전문점 브랜드의 난립

내부환경 외부환경	강점(Strength)	약점(Weakness)
기회 (Opportunity)	① 가격할인 프로모션을 통한 브랜드 홍보 전략	② 타사 벤치마킹을 통한 신제품 개발 착수
위협 (Threat)	③ 제품 라인 축소를 통한 비용 감축 시도	④ '공정무역원두만을 사용한 커피 판매 CSR 캠페인 전개

43. F기업 기획팀에서는 새로운 프로젝트를 추진하면서 업무추진력이 높은 직원은 프로젝트의 팀장으로 발탁하려고 한다. 성취행동 경향성이 높은 사람을 업무추진력이 높은 사람으로 규정할 때, 아래의 정의를 활용해서 〈보기〉의 직원들을 업무추진력이 높은 사람부터 순서대로 바르게 나열한 것은?

성취행동 경향성(TACH)의 강도는 성공추구 경향성(Ts)에서 실패회피 경향성(Tf)을 뺀 점수로 계산할 수 있다(TACH = Ts − Tf). 성공추구 경향성에는 성취동기(Ms)라는 잠재적 에너지의 수준이 영향을 준다. 왜냐하면 성취동기는 성과가 우수하다고 평가받고 싶어 하는 것으로 어떤 사람의 포부수준, 노력 및 끈기를 결정하기 때문이다. 어떤 업무에 대해서 사람들이 제각기 다양한 방식으로 행동하는 것은 성취동기가 다른 데도 원인이 있지만, 개인이 처한 환경요인이 서로 다르기 때문이기도 하다. 이 환경요인은 성공기대확률(Ps)과 성공결과의 가치(Ins)로 이루어진다. 즉 성공추구 경향성은 이 세 요소의 곱으로 결정된다(Ts = Ms × Ps × Ins).

한편 실패회피 경향성은 실패회피동기, 실패기대확률 그리고 실패결과의 가치의 곱으로 결정된다. 이때 성공기대확률과 실패기대확률의 합은 1이며, 성공결과의 가치와 실패결과의 가치의 합도 1이다.

〈보기〉
- 갑은 성취동기가 4이고, 실패회피동기가 2이다. 그는 국제환경협약에 대비한 공장건설환경규제안을 만들었는데, 이 규제안의 실현가능성을 0.8로 보며, 규제안이 실행될 때의 가치를 0.3으로 보았다.
- 을은 성취동기가 3이고 실패회피동기가 1이다. 그는 도시고속화도로 건설안을 기획하였는데, 이 기획안의 실패가능성을 0.6으로 보며, 도로건설사업이 실패하면 0.4의 가치를 갖는다고 보았다.
- 병은 성취동기가 4이고 실패회피동기가 3이다. 그는 △△지역의 도심재개발계획을 주도하였는데, 이 계획의 실현가능성을 0.3으로 보며, 재개발사업이 실패하는 경우의 가치를 0.2로 보았다.

① 갑, 병, 을
② 갑, 을, 병
③ 을, 병, 갑
④ 을, 갑, 병

44. 신입사원 교육을 받으러 온 직원들에게 나눠준 조직도를 보고 사원들이 나눈 대화이다. 다음 중 조직도를 올바르게 이해한 사원을 모두 고른 것은?

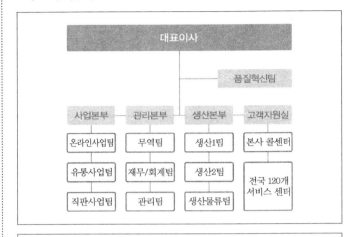

A : 조직도를 보면 본사는 3개 본부, 1개 지원실, 콜센터를 포함한 총 10개 팀으로 구성되어 있군.
B : 그런데 품질혁신팀은 따로 본부에 소속되어 있지 않고 대표이사님 직속으로 소속되어 있네.
C : 전국의 서비스센터는 고객지원실에서 관리해.

① A
② B
③ A, C
④ B, C

▌45~46▌ 다음 조직도를 보고 물음에 답하시오.

45. 위 조직도에 대한 설명으로 적합하지 않은 것은?
① 위와 같은 조직구조의 형태를 '기능적 조직구조'라고 한다.
② 산하 조직의 수가 더 많은 관리부사장이 기술부사장보다 강력한 권한과 지위를 갖는다.
③ 일반적으로 위와 같은 형태의 조직구조는 급변하는 환경변화에 효과적으로 대응하고 제품, 지역, 고객별 차이에 신속하게 적응하기에 적절한 구조가 아니다.
④ 위와 같은 조직도를 통해 조직에서 하는 일은 무엇이며, 조직구성원들이 어떻게 상호작용하는지 파악할 수 있다.

46. 조직 및 인적 구성을 한눈에 알 수 있게 해 주는 위와 같은 조직도를 참고할 때, 하위 7개 본부 중 '인사노무처'와 '자원기술처'라는 명칭의 조직이 속한다고 볼 수 있는 본부로 가장 적절한 것은?

① 지원본부, 기술본부

② 지원본부, 생산본부

③ 기획본부, 생산본부

④ 기획본부, 공급본부

47. 다음 '갑' 기업과 '을' 기업에 대한 설명 중 적절하지 않은 것은?

> '갑' 기업은 다양한 사외 기관, 단체들과의 상호 교류 등 업무가 잦아 관련 업무를 전담하는 조직이 갖춰져 있다. 전담 조직의 인원이 바뀌는 일은 가끔 있지만, 상설 조직이 있어 매번 발생하는 유사 업무를 효율적으로 수행한다.
>
> '을' 기업은 사내 당구 동호회가 구성되어 있어 동호회에 가입한 직원들은 정기적으로 당구장을 찾아 쌓인 스트레스를 풀곤 한다. 가입과 탈퇴가 자유로우며 당구를 좋아하는 직원은 누구든 참여가 가능하다. 당구 동호회에 가입한 직원은 직급이 아닌 당구 실력으로만 평가 받으며, 언제 어디서 당구를 즐기든 상사의 지시를 받지 않아도 된다.

① '갑' 기업의 상설 조직은 의도적으로 만들어진 집단이다.

② '갑' 기업 상설 조직의 임무는 보통 명확하지 않고 즉흥적인 성격을 띤다.

③ '을' 기업 당구 동호회는 공식적인 임무 이외에 다양한 요구들에 의해 구성되는 경우가 많다.

④ '갑' 기업 상설 조직의 구성원은 인위적으로 참여한다.

48. 다음 〈보기〉와 같은 조직문화의 형태와 그 특징에 대한 설명 중 적절한 것만을 모두 고른 것은?

> 〈보기〉
> ㈎ 위계를 지향하는 조직문화는 조직원 개개인의 능력과 개성을 존중한다.
> ㈏ 과업을 지향하는 조직문화는 업무 수행의 효율성을 강조한다.
> ㈐ 혁신을 지향하는 조직문화는 조직의 유연성과 외부 환경에의 적응에 초점을 둔다.
> ㈑ 관계를 지향하는 조직문화는 구성원들의 상호 신뢰와 인화 단결을 중요시한다.

① ㈏, ㈐, ㈑   ② ㈎, ㈐, ㈑

③ ㈎, ㈏, ㈑   ④ ㈎, ㈏, ㈐

49. 다음 설명을 참고할 때, '차별화 전략'의 단점으로 가장 거리가 먼 것은?

> 조직의 경영전략은 경영자의 경영이념이나 조직의 특성에 따라 다양하다. 이 중 대표적인 경영전략으로 마이클 포터(Michael E. Porter)의 본원적 경쟁전략이 있다. 본원적 경쟁전략은 해당 사업에서 경쟁우위를 확보하기 위한 전략이며 차별화 전략, 집중화 전략, 원가우위 전략이 이에 속한다.
>
> 차별화 전략은 조직이 생산품이나 서비스를 차별화하여 고객에게 가치가 있고 독특하게 인식되도록 하는 전략이다. 이러한 전략을 활용하기 위해서는 연구개발이나 광고를 통하여 기술, 품질, 서비스, 브랜드 이미지를 개선할 필요가 있다.

① 과도한 가격경쟁력 확보를 추진할 경우 수익구조에 악영향을 끼칠 수 있다.

② 비차별화 전략에 비해 시장을 세분화해야 하는 어려움이 있다.

③ 다양한 상품 개발에 따라 상품 원가가 높아질 수 있다.

④ 유통경로 관리와 촉진에 추가적인 노력이 필요하다.

50. 다음 ㈎~㈖ 중 조직 경영에 필요한 요소에 대한 설명을 모두 고른 것은?

> ㈎ 조직의 목적 달성을 위해 경영자가 수립하는 것으로 보다 구체적인 방법과 과정이 담겨있다.
> ㈏ 조직에서 일하는 구성원으로, 경영은 이들의 직무수행에 기초하여 이루어지기 때문에 이들의 배치 및 활용이 중요하다.
> ㈐ 생산자가 상품 또는 서비스를 소비자에게 유통시키는 데 관련된 모든 체계적 경영활동이다.
> ㈑ 특정의 경제적 실체에 관해 이해관계에 있는 사람들에게 합리적이고 경제적인 의사결정을 하는 데 있어 유용한 재무적 정보를 제공하기 위한 것으로, 이러한 일련의 과정 또는 체계를 뜻한다.
> ㈒ 경영을 하는 데 사용할 수 있는 돈으로 이것이 충분히 확보되는 정도에 따라 경영의 방향과 범위가 정해지게 된다.
> ㈖ 조직이 변화하는 환경에 적응하기 위하여 경영활동을 체계화하는 것으로 목표달성을 위한 수단이다.

① ㈎, ㈐, ㈒

② ㈏, ㈐, ㈑

③ ㈎, ㈐, ㈑, ㈖

④ ㈎, ㈏, ㈒, ㈖

51. "4차 산업혁명 시대의 직업윤리 교육의 방향(교육철학연구, 제 41권, 2019, 김은우/유재봉)"의 논문에서 저자들은 4차 산업혁명으로 인해 사람을 기계의 일부로 봄으로써 윤리 규범을 붕괴시킬 우려를 언급하기도 했다. 다음의 사례는 테일러의 과학적 관리론에 관한 사례를 제시한 것이다. 아래의 글을 읽고 4차 산업혁명 시대의 직업 윤리로서 인간을 기계의 일부분으로 취급하는 과학적 관리론으로 인해 나타나는 내용 중 옳지 않은 것은?

> 자본주의 경제는 '비효율과의 전쟁'을 통해 발전해왔다. 초기에 비효율은 삼림 파괴, 수(水)자원 낭비, 탄광 개발 남발 등 주로 자원과 관련한 문제였다. 프레드릭 테일러(Frederick Taylor · 1856~1915)는 사람의 노력이 낭비되고 있다는 데 처음으로 주목했다. 효율적인 국가를 건설하려면 산업 현장에서 매일 반복되는 실수, 잘못된 지시, 노사 갈등을 해결하는 데서 출발해야 한다고 믿었다. 노사가 협업해 과학적인 생산 방법으로 생산성을 끌어올리면 분배의 공평성도 달성할 수 있다고 주장했다. 그가 이런 생각을 체계적으로 정리한 책이 《과학적 관리법》(1911년)이다.
>
> 테일러는 고등학교 졸업 후 공장에 들어가 공장장 자리에까지 오른 현장 전문가였다. 그는 30년간 과학적 관리법 보급을 위해 노력했지만 노동자로부터는 "초시계를 이용해 노동자를 착취한다"고, 기업가로부터는 "우리를 눈먼 돼지로 보느냐"고 비난받았다. 그러나 그는 과학적 관리법이 노사 모두에 도움이 되기 때문에 결국 널리 퍼질 것으로 확신했다. 훗날 과학적 관리법은 '테일러리즘(Taylorism)'으로 불리며 현대 경영학의 뿌리가 됐다. 1900년대 영국과 미국에선 공장 근로자의 근무태만이 만연했다. 노동조합도 "노동자가 너무 많은 일을 하면 다른 사람의 일자리를 뺏을 수 있다"며 '적은 노동'을 권했다. 전체 생산량에 따라 임금을 주니 특별히 일을 더 많이 할 이유도 없었다.

① 조직목표인 능률성 향상과 개인목표인 인간의 행복 추구 사이에는 궁극적으로 양립·조화 관계로 인식하였다.

② 작업 계층의 효율적인 관리를 위해 하위 계층 관리만을 연구대상으로 하고 인간을 목표 달성을 위한 조종 대상으로 보았다.

③ 타인에 의한 내부적인 동기부여가 효율적이라고 생각한다.

④ 조직 외적 환경과의 상호작용을 경시하고 조직을 개방체제가 아닌 폐쇄체제로 인식하였다.

52. 다음 사례에서 파악할 수 있는 민수씨의 직업의식으로 적절한 것을 〈보기〉에서 고른 것은?

> 신발 회사의 대표를 맡고 있는 민수씨는 최고의 구두를 만들겠다는 일념으로 세계 유명 구두 디자인에 대한 사례 연구를 통해 독창적인 모델을 출시하여 대성공을 거두었다. 또한 민수씨는 회사 경영에 있어서도 인화와 협동을 중시하여 직원들을 대상으로 가족 초청 어버이날 행사, 단체 체육대회 등 노사가 함께하는 행사를 개최하여 유대를 강화하고 있다.

〈보기〉
㉠ 전문 의식   ㉡ 귀속 의식
㉢ 연대 의식   ㉣ 귀천 의식

① ㉠㉡
② ㉠㉢
③ ㉡㉢
④ ㉡㉣

53. 다음 수철씨의 진로 선택 사례에서 알 수 있는 내용으로 옳은 것을 모두 고른 것은?

> 특성화 고등학교 출신인 A 씨는 자신의 진로 유형 검사가 기계적 기술이나 신체적 운동을 요구하는 업무에 적합한 유형으로 나온 것을 고려하여 ○○ 기업 항공기 정비원으로 입사하였다. 또한 A 씨는 보수나 지위에 상관없이 사회 구성원의 일원으로서 긍지와 자부심을 갖고 최선을 다해 일하고 있다.

㉠ 직업에 대해 소명 의식을 가지고 있다.
㉡ 홀랜드의 직업 흥미 유형 중 관습적 유형에 해당한다.
㉢ 직업의 개인적 의의보다 경제적 의의를 중요시하고 있다.
㉣ 한국 표준 직업 분류 중 기능원 및 관련 기능 종사자에 해당한다.

① ㉠㉡
② ㉠㉣
③ ㉡㉢
④ ㉡㉣

54. 당신은 국민연금공단 입사 지원자이다. 서류전형 통과 후, NCS 기반의 면접을 보기 위해 면접장에 들어가 있는데, 면접관이 당신에게 다음과 같은 질문을 하였다. 다음 중 면접관의 질문에 대한 당신의 대답으로 가장 적절한 것은?

> 면접관 : 최근 많은 회사들이 윤리경영을 핵심 가치로 내세우며, 개혁을 단행하고 있습니다. 그건 저희 회사도 마찬가지입니다. 윤리경영을 단행하고 있는 저희 회사에 도움이 될 만한 개인 사례를 말씀해 주시기 바랍니다.
>
> 당　신 : (　　　　　　　　　　　　　　　　　　)

① 저는 시간관념이 철저하므로 회의에 늦은 적이 한 번도 없습니다.

② 저는 총학생회장을 역임하면서, 맡은 바 책임이라는 것이 무엇인지 잘 알고 있습니다.

③ 저는 상담사를 준비한 적이 있어서, 타인의 말을 귀 기울여 듣는 것이 얼마나 중요한지 알고 있습니다.

④ 저는 모든 일이 투명하게 이뤄져야 한다고 생각합니다. 그래서 어린 시절 반에서 괴롭힘을 당하는 친구가 있으면 일단 선생님께 말씀드리곤 했습니다.

55. ㈎, ㈏의 사례에 나타난 직업관의 유형으로 옳은 것은?

> ㈎ 힘들고, 위험한 일을 기피하는 현상 때문에 노동력은 풍부하지만 생산인력은 부족한 실정이다. 하지만 주윤발씨는 개인의 소질, 능력, 성취도를 최우선으로 하고 있어 생산직 사원 모집 광고를 보고 원서를 제출하였다.
>
> ㈏ 사장은 장비씨의 연로한 나이와 그의 성실성을 고려하여 근무시간을 줄여 주고 월급도 50 % 인상해 주었다. 그러자 장비씨는 회사에 사표를 내고 다른 직장으로 이직을 원하였다. 이에 사장이 그만두는 이유를 묻자 "저는 돈을 벌기 위하여 일을 하는 것이 아니라 남은 인생을 될 수 있는 한 많은 사람을 위해 일하고 싶은 것인데, 근무 시간이 줄어들었으니 그만둘 수밖에 없습니다."라고 대답하였다.

	㈎	㈏
①	업적주의적 직업관	개인중심적 직업관
②	업적주의적 직업관	귀속주의적 직업관
③	귀속주의적 직업관	결과지향적 직업관
④	귀속주의적 직업관	개인중심적 직업관

56. 다음은 직업윤리에 대한 강좌에서 강사와 수강생들의 대화이다. 강사의 질문에 대한 답변으로 옳은 것만을 모두 고른 것은?

> 수강생 A : 직업 일반 윤리는 직업을 가지고 있는 모든 사람이 지켜야 할 도리입니다.
>
> 수강생 B : 직업별 윤리는 각각의 직업에 종사하는 직업인에게 요구되는 윤리적 규범을 말합니다.
>
> 강사 : 그럼 직업별 윤리에는 어떤 것이 있을까요?

> ㉠ 봉사, 책임 등의 공동체 윤리
>
> ㉡ 노사 관계 안에서의 근로자 및 기업가의 윤리
>
> ㉢ 직종별 특성에 맞는 법률, 규칙, 선언문, 윤리 요강

① ㉠

② ㉡

③ ㉠, ㉢

④ ㉡, ㉢

57. 다음 중 근로윤리에 관한 설명으로 옳지 않은 것은?

① 정직은 신뢰를 형성하는 데 기본적인 규범이다.

② 정직은 부정직한 관행을 인정하지 않는다.

③ 신용을 위해 동료와 타협하여 부정직을 눈감아준다.

④ 신용을 위해 잘못된 것도 정직하게 밝혀야 한다.

58. 원모는 입사 후 처음으로 회사의 회식에 참여하게 되었다. 하지만 사회생활이 처음인 원모에게 모든 것이 낯선 상황이다. 다음은 원모가 소속 중인 회사의 회식 및 음주예절에 관한 내용인데 아래의 선택지는 원모가 각 상황별로 해야 하는 행동이다. 이 중 가장 바르지 않은 것을 고르면?

① 술잔은 상위자에게 먼저 권하고 경우에 따라서 무릎을 꿇거나 또는 서서 잔을 따른다.

② 술을 마시지 않더라도 술잔을 입에 대었다가 내려놓는다.

③ 만약의 경우 선약이 있어서 중간에 회식자리를 떠날 시에는 사전 또는 중간에 상위자에게 보고하고 이석한다.

④ 건배 시에 잔을 부딪칠 때에는 상위자의 술잔보다 높게 들어야 한다.

59. 다음 글을 참고할 때, 김 대리가 윤리적인 가치를 지키며 직장생활을 하는 근본적인 이유로 가장 적절한 것은 어느 것인가?

> 어젯밤 뉴스에서는, 회사의 공금 5백만 원을 횡령하여 개인적 용도로 사용한 한 30대 중반의 직장인 G씨의 이야기가 화제가 되었다. 김 대리는 자신도 회사에서 수억 원의 공금을 운용하고 관리하는 업무를 담당하고 있어 유난히 뉴스가 관심 있게 다가왔다. 그러나 김 대리는 한 번도 G씨와 같은 행위에 대한 유혹을 느껴보지 않았으며, 그러한 마음가짐은 당연한 것이라는 사실을 G씨의 이야기를 통해 다시 한 번 되새기는 계기가 되었다.

① 직장에서의 출세를 위하여
② 사회적 명예를 지키기 위하여
③ 결국 완벽한 범죄일 수는 없기 때문에
④ 삶의 본질적 가치와 도덕적 신념을 존중하기 때문에

60. 직업인은 외근 등의 사유로 종종 자동차를 활용하곤 한다. 다음은 자동차 탑승 시에 대한 예절 및 윤리에 관한 설명이다. 이 중 가장 옳지 않은 것을 고르면?

① 승용차에서는 윗사람이 먼저 타고 아랫사람이 나중에 타며 아랫사람은 윗사람의 승차를 도와준 후에 반대편 문을 활용해 승차한다.
② Jeep류의 차종인 경우 (문이 2개)에는 운전석의 뒷자리가 상석이 된다.
③ 운전자의 부인이 탈 경우에는 운전석 옆자리가 부인석이 된다.
④ 자가용의 차주가 직접 운전을 할 시에 운전자의 오른 좌석에 나란히 앉아 주는 것이 매너이다.

✏️ **종합직무지식평가(50문항/50분)**

1. 성장판이 닫힌 이후에도 성장 호르몬의 분비가 정지되지 않고 오히려 과다생산 되면서 기형뼈를 가지게 되는 말단비대증의 증상으로 옳지 않은 것은?

① 얼굴이 커진다.
② 턱이 길어진다.
③ 코, 입술이 얇아진다.
④ 손과 손가락이 크고 두터워진다.
⑤ 눈썹 부위와 이마, 광대뼈가 돌출된다.

2. 위팔자관절을 닫힌 상태로 만드는 옳은 동작을 모두 고르면?

> ㉠ 팔꿈관절의 폄
> ㉡ 팔꿈관절의 굽힘
> ㉢ 손목관절의 뒤침
> ㉣ 손목관절의 엎침

① ㉠㉢
② ㉡㉢
③ ㉠㉣
④ ㉡㉣
⑤ ㉢㉣

3. 60대 남성이 왼쪽 다리에 감각이 없고 움직일 수 없어 응급실을 찾았다. 검사 결과 뇌졸중으로 판단될 때, 폐쇄 가능성이 가장 높은 혈관은?

① 왼쪽 앞대뇌동맥
② 오른쪽 앞대뇌동맥
③ 왼쪽 중간대뇌동맥
④ 오른쪽 중간대뇌동맥
⑤ 왼쪽 뒤대뇌동맥

4. 해부학적 용어에 대한 설명으로 옳지 않은 것은?

① 신체는 체간과 체지로 구분하며 체간은 다시 몸통, 경, 두로 체지는 다시 상지와 하지로 구분한다.

② 정중면은 몸을 좌우 대칭으로 나뉘게 길이방향으로 자르는 수직면이고 정중면에 평행하게 지나는 면이 시상면이다.

③ 해부학적 자세는 머리, 눈과 발끝이 정면을 향하고 팔은 몸통 옆으로 내려 손바닥이 앞을 향한 자세이다.

④ 안쪽은 해부학적 자세에서 정중면에 가까운 쪽을 의미함으로 새끼손가락은 엄지손가락보다 안쪽이다.

⑤ 벌림은 이마면에서 정중선으로부터 멀어지는 운동으로, 손·발가락에서는 각 중립의 위치인 셋째손가락과 셋째발가락에서부터 벌어지는 운동이다.

5. 임신 초기 산모의 소변에서 검출되는 사람융모생식샘자극호르몬을 생산하는 기관은?

① 난소
② 자궁
③ 콩팥
④ 태반
⑤ 갑상샘

6. 무릎관절의 안쪽돌림에 작용하는 근육으로 바르게 짝지어진 것은?

㉠ 반힘줄근	㉡ 안쪽넓은근
㉢ 넙다리두갈래근	㉣ 반막근
㉤ 두덩근	㉥ 오금근

① ㉠㉣㉤
② ㉠㉣㉥
③ ㉠㉤㉥
④ ㉡㉣㉤
⑤ ㉢㉣㉥

7. 어깨의 네모공간이 좁아져 이곳을 통과하는 신경의 신경전달에 문제가 생겼을 때 약화될 수 있는 근육으로 옳은 것은?

① 가시위근
② 어깨세모근
③ 큰원근
④ 등세모근
⑤ 목빗근

8. 불규칙한 월경과 심한 복통으로 병원을 찾은 30대 여성이 검사에서 자궁외 임신으로 확인되었다. 이때 주머니배가 위치해 있을 확률이 가장 큰 위치는?

① 자궁 경부
② 난소
③ 복강
④ 자궁관팽대
⑤ 자궁관술

9. 장기간의 운동중단으로 인해 발생할 수 있는 생리적 변화 중 옳은 것을 모두 고르면?

㉠ 최대산소섭취량은 감소한다.
㉡ 1회 박출량은 감소한다.
㉢ 근세포 내 미토콘드리아 수는 변화하지 않는다.
㉣ 최대심박수는 급격히 감소한다.

① ㉠㉡
② ㉠㉢
③ ㉡㉢
④ ㉡㉣
⑤ ㉢㉣

10. 신경흥분 시 활동전위의 탈분극 초기 시점에서 이온 통로에 대한 설명으로 옳은 것은?

① K^+ 통로는 닫힌 상태에서, Na^+ 통로가 열린다.

② Na^+ 통로는 닫힌 상태에서, K^+ 통로가 열린다.

③ K^+ 통로는 닫힌 상태에서, Cl^- 통로가 열린다.

④ Cl^- 통로는 열린 상태에서, K^+ 통로가 닫힌다.

⑤ Cl^- 통로는 닫힌 상태에서, Na^+ 통로가 닫힌다.

11. 성인 남성의 소변을 24시간 동안 모아서 검사해 보니 다음과 같았다. 이 남성의 콩팥을 통해 배출되는 산의 총량은?

> • 암모늄이온 : 60mmol
> • 적정가능산 : 30mmol
> • 중탄산염 : 20mmol

① 50mmol
② 60mmol
③ 70mmol
④ 80mmol
⑤ 90mmol

12. 다음의 기능을 담당하는 기관 혹은 조직이 순서대로 바르게 연결된 것은?

> ㉠ 중추신경계의 명령을 말초기관으로 전달하는 기능
> ㉡ 감각기관의 정보를 중추신경계로 전달하는 기능
> ㉢ 근수축 시 근섬유의 길이 변화에 반응하여 근수축 미세조절
> ㉣ 근수축 시 장력에 반응하여 과도한 장력으로 인한 근 손상 예방

① ㉠ 교감신경계 − ㉡ 부교감신경계 − ㉢ 근방추 − ㉣ 골지건기관
② ㉠ 감각신경섬유 − ㉡ 체성신경섬유 − ㉢ 추간내섬유 − ㉣ 골지건기관
③ ㉠ 원심성 신경섬유 − ㉡ 구심성 신경섬유 − ㉢ 근방추 − ㉣ 골지건기관
④ ㉠ 감각신경섬유 − ㉡ 체성신경섬유 − ㉢ 골지건기관 − ㉣ 추간내섬유
⑤ ㉠ 구심성 신경섬유 − ㉡ 원심성 신경섬유 − ㉢ 근방추 − 추간내섬유

13. 심장주기의 등용성수축기에서 좌심실의 용적과 압력 변화에 대한 설명으로 옳은 것은?

① 용적과 압력이 동시에 증가한다.
② 용적과 압력이 동시에 감소한다.
③ 용적은 변화 없고, 압력은 증가한다.
④ 용적은 감소하고, 압력은 증가한다.
⑤ 용적은 증가하고, 압력은 변화 없다.

14. 공기가슴증(기흉)에 대한 설명으로 옳은 것은?

① 긴장성 기흉은 호흡곤란, 청색증 및 저혈압이 나타난다.
② 외상성 기흉은 키가 크고 마른 체형의 젊은 층에서 잘 나타난다.
③ 1차성 자연기흉은 결핵, 폐기종, 폐암 등의 폐질환을 기존에 가지고 있는 사람에게서 나타난다.
④ 2차성 기흉은 폐질환이 없는 상태에서 발생하는 것으로 흉막하소기포가 터지면서 일어난다.
⑤ 자연기흉은 흉곽에 외상이 있는 상태에서 호흡을 할 때 상처를 통해 공기가 흉강 내로 진입하는 경우에 나타난다.

15. 사람이 갖고 있는 핵 내 유전물질의 존재형태는 세포주기에 따라 염색질, 염색체, 염색분체로 구분할 수 있다. 다음 중 염색체가 적도면에 배열되는 시기는?

① 간기
② 분열 초기
③ 분열 중기
④ 분열 후기
⑤ 분열 말기

16. 다음 중 사립체 기질에서 일어나는 과정은?

① 글리코겐 합성
② 글리코겐 분해
③ 포도당신합성
④ 시트르산 회로
⑤ 인산오탄당 경로

17. 다음은 어떤 세포에 대한 설명인가?

> • 삼배엽의 모든 계보(系譜)세포로 분화하는 능력을 갖춘 미분화세포
> • 수정란의 배반포(blastocyst) 단계에서 유래

① 배아줄기세포
② 다능성줄기세포
③ 전능성줄기세포
④ 역분화줄기세포
⑤ 유도만능줄기세포

18. 오랫동안 우울증을 앓고 있는 환자의 치료를 위해 신경세포접합부에 증가시켜야 하는 신경전달물질은 어떤 아미노산으로부터 만들어지는가?

① 글리신

② 티로신

③ 다이놀핀

④ 트립토판

⑤ 옥토파민

19. 신생아 황달과 연관된 물질 대사는?

① 헴 대사

② 핵산 대사

③ 지방산 대사

④ 포도당 대사

⑤ 아미노산 대사

20. 일명 '좋은 콜레스테롤'이라고 불리는 지단백으로, 말초조직의 콜레스테롤을 간으로 운반하는 역할을 하는 것은?

① HDL

② IDL

③ LDL

④ VLDV

⑤ Chylomicron

21. 성장호르몬, 부신피질호르몬, 비타민 D 등의 합성 전구체로 이용되는 지질로 적합한 것은?

① 인지질

② 글리세롤

③ 유리지방산

④ 콜레스테롤

⑤ 스테로이드

22. 죽상동맥경화증이 가장 자주 발생하는 부위는?

① 온목동맥

② 복부동맥

③ 위팔동맥

④ 겨드랑동맥

⑤ 넙다리동맥

23. 고프로락틴혈증의 증상이 아닌 것은?

① 불임

② 무월경

③ 말단비대

④ 성욕 감소

⑤ 남성에서의 여유증

24. 다음 중 식도와 기관에서 나타나는 기형의 형태로 가장 흔한 것은?

① 식도만 좁아져 막힌 형태

② 하부 식도와 기도가 연결된 형태

③ 식도와 기도가 H자로 연결되어 있는 형태

④ 상부 식도와 기도가 연결되고 식도가 막힌 형태

⑤ 상부, 하부 식도가 모두 기도와 연결되어 있지만 식도 자체는 막힌 형태

25. 좌심실의 뒤쪽벽에 경색이 발생한 심근경색 환자의 경우 어느 혈관이 막혔을 가능성이 가장 높은가?

① 우관상동맥

② 우내흉동맥

③ 좌회선동맥

④ 좌대각선동맥

⑤ 좌전방하행동맥

26. 독감 예방접종을 한 사람이 5분 뒤 급격한 호흡곤란과 피부발진 증세를 보였다. 이때 환자의 증상과 관련된 설명으로 옳은 것은?

① 혈관 수축
② 혈압 상승
③ 면역복합체 형성
④ 혈관의 투과도 증가
⑤ 말초혈관 저항의 증가

27. 파킨슨병에서 가장 흔하게 발견되는 이상 단백질은?

① 타우
② 프리온
③ 유비퀴틴
④ 베타아밀로이드
⑤ 알파시누클레인

28. 필리핀 여행을 다녀온 지 2주 정도 지난 여성이 발열을 동반한 점액성 설사와 구토 증상으로 내원하였다. 분변-구강 경로 감염이 의심되고 대장내시경에서 상행결장부위에 플라스크 모양의 궤양이 발견되었을 때 가장 가능성이 큰 질병은?

① 결핵   ② 칸디다증
③ 위식도역류   ④ 살모넬라증
⑤ 이질아메바증

29. 다음 상황을 미루어 볼 때 해당 질병의 원인으로 가장 가능성이 높은 것은?

> • 20대 남성으로 인도 여행 후 일주일간 지속적인 발열
> • 말라리아 검사 음성
> • 발열, 묽은 설사, 복부에 붉은 발진
> • 대변 검체에서 그람음성 막대균 관찰
> • Widal agglutination test 양성

① Escherichia coli
② Salmonella Typhi
③ Staphylococcus aureus
④ Pseudomonas aeruginosa
⑤ Corynebacterium diphtheriae

30. 마이코플라즈균(Mycoplasma pneumoniae)에 대한 설명으로 옳지 않은 것은?

① 완전한 사람 병원체이다.
② 진단검사로 현미경 검사가 유용하다.
③ 기관지염과 폐렴 등 호흡기 질환을 일으킨다.
④ 흉부 X-선 사진상에서 기관지 폐렴 반점이 나타난다.
⑤ 치료에는 erythromycin, doxycycline 등이 사용된다.

31. 바이러스 질환의 진행단계에서 전구증상이 나타나는 단계는?

① 바이러스의 획득
② 잠복기
③ 증상 유발
④ 회복
⑤ 만성질환으로 진행

32. Clostridium tetani가 발육하면서 생성하는 신경독소인 tetano-spamin에 의한 질병의 증상이 아닌 것은?

① 개구불능
② 복근경직
③ 연하곤란
④ 목강직
⑤ 창종

33. 다음 설명에 해당하는 질환의 원인균은?

> • 발열과 오한
> • 몸통, 하지 등에 점출혈
> • 뇌척수액 그람염색에서 붉게 염색되는 쌍알균 관찰

① 임균
② 대장균
③ 매독균
④ 수막염균
⑤ 파상풍균

34. 돼지 인플루엔자, 신종 인플루엔자 등 새로운 항원형 바이러스가 만들어진 기전은?

① 핵 이식

② 점 돌연변이

③ 유전자보완

④ 유전자치환

⑤ 유전자재배열

35. 바이러스, 진균, 원충 감염 등은 어떤 세포의 결핍이 있을 때 유발될 가능성이 높은가?

① B림프구

② T림프구

③ 호중구

④ 호산구

⑤ 대식세포

36. 여름휴가차 바닷가에 온 40대 여성이 오징어와 조개류 등을 생식하고 다음 날 복통, 설사와 미열을 호소하며 병원을 방문하였다. 이 경우 의심되는 식중독의 특징은?

① 7~8월에 주로 발생하며, 원인균은 포도상구균이다.

② 화농성질환을 가진 조리사의 식품 조리과정에서 발생한다.

③ 감염형 식중독으로 가열해서 먹을 경우 예방이 가능하다.

④ 독소형 식중독으로 신경마비성 증상이 나타나 치명률이 높다.

⑤ 염분이 높은 환경에서는 잘 자라지 못해 해수보다 민물에 많다.

37. 기생충에 대한 면역반응의 특징으로 옳은 것은?

① 세포성 면역에는 B림프구의 역할이 중요하다.

② IgE는 연충 감염에서 크게 감소하는 모습을 보인다.

③ 기생충은 숙주의 면역방어를 피하는 기전이 존재하지 않는다.

④ 기생충 감염 시 형성되는 특이항체는 진단에 기여할 수 있다.

⑤ 선천면역은 기생충 감염에 의해 면역계가 작동하여 나타나는 면역이다.

38. 다음 중 기생충의 전파양식이 다른 하나는?

① 요충

② 개조충

③ 분선충

④ 왜소조충

⑤ 질트리코모나스

39. 임신 22주인 산모 A씨가 톡소플라즈마증으로 진단을 받았다. A씨가 취할 수 있는 행위로 가장 옳은 것은?

① 법적으로 인공임신중절수술 허용기간이 지나 임신을 유지하여야 한다.

② 인공임신중절수술 허용기간은 지났지만 톡소플라즈마증은 태아에게 미치는 위험이 높기 때문에 본인과 배우자 동의 하에 인공임신중절수술을 할 수 있다.

③ 인공임신중절수술 허용기간도 지났고 톡소플라즈마증은 태아에게 미치는 위험이 낮기 때문에 임신을 유지하여야 한다.

④ 인공임신중절수술을 할 수 있는 기간이지만 톡소플라즈마증은 태아에게 미치는 위험이 낮기 때문에 임신을 유지하여야 한다.

⑤ 인공임신중절수술을 할 수 있는 기간이고 톡소플라즈마증은 태아에 미치는 위험이 높기 때문에 본인과 배우자 동의하에 인공임신중절수술을 할 수 있다.

40. 기생충과 매개가 되는 식품을 바르게 연결한 것은?

① 폐흡충 – 송어

② 간흡충 – 가재

③ 무구조충 – 돼지고기

④ 유구조충 – 소고기

⑤ 아니사키스 – 오징어

41. 사람의 머리에서 흡혈을 하며 기생하는 벌레로 3mm 정도의 크기이며 가려움증을 유발한다. 암컷은 '서캐'라고 하는 알을 하루에 7~10개 정도 머리카락 등에 낳는다. 이 벌레는 무엇인가?

① 빈대

② 머릿니

③ 옴진드기

④ 사발면이

⑤ 집먼지진드기

42. 인체스파르가눔증에 대한 설명으로 옳지 않은 것은?

① 주요 감염원은 뱀과 개구리이다.

② 만손열두조충의 충미충이 인체에 감염하여 생긴다.

③ 스파르가눔 유충은 흰색 또는 황색 리본 모양이다.

④ 충체가 주로 혈관에서 이동한다.

⑤ 뇌에 침입하면 간질발작과 두통을 유발할 수 있다.

43. 다음을 참고하여 내릴 수 있는 진단은?

> • 간질발작으로 응급실 방문
> • 최근 심한 두통이 발생
> • 대변 내에 희고 긴 편절 배출
> • 두부 CT에서 양쪽 되뇌반구에 석회화 병소 관찰

① 포충증

② 공미충증

③ 낭미충증

④ 왜소조충증

⑤ 스파르가눔증

44. 「사회보장기본법」에 따른 사회보장급여의 수준에 대한 설명으로 ㉠, ㉡에 들어갈 용어를 바르게 연결한 것은?

> 국가와 지방자치단체는 모든 국민이 건강하고 문화적인 생활을 유지할 수 있도록 사회보장급여의 수준 향상을 위하여 노력하여야 한다. 이를 위해 국가는 관계 법령에서 정하는 바에 따라 (㉠)과 (㉡)을 매년 공표하여야 한다. 국가와 지방자치단체는 (㉠)과 (㉡) 등을 고려하여 사회보장급여의 수준을 결정하여야 한다.

① 최저생계비 – 최저임금

② 최저보장수준 – 최저임금

③ 최저보장수준 – 최저생계비

④ 기준 중위소득 – 최저생계비

⑤ 기준 중위소득 – 최저보장수준

45. 사회보험과 공공부조에 대한 설명으로 가장 옳은 것은?

① 사회보험은 생활유지능력이 없거나 생활이 어려운 국민의 최저생활을 보장하고 자립을 지원하는 제도다.

② 공공부조는 사회구성원의 정상적인 생활을 보장하기 위해 생활에 위협을 가져오는 사고가 발생할 경우 보험의 원리를 응용해 생활을 보장하고자 하는 사회보장 정책이다.

③ 공공부조는 정부가 조세를 통해 마련한 재원으로 급여나 서비스를 제공한다.

④ 4대 보험인 국민연금, 건강보험, 고용보험, 산재보험은 공공부조에 해당한다.

⑤ 사회보험은 개인의 사회적 기능 향상을 위하여 교육, 상담 등 간접적 방법으로 비물질적 서비스를 제공하는 것이다.

46. 다음 중 국민연금심의위원회의 심의 사항이 아닌 것은?

① 국민연금제도 및 재정 계산에 관한 사항

② 급여에 관한 사항

③ 연금보험료에 관한 사항

④ 국민연금기금에 관한 사항

⑤ 건강보험제도 개선에 관한 사항

47. 국민연금에 대한 설명으로 바르지 않은 것은?

① 국민연금은 가입 이후 20년 이상 납입하여야 수령의 자격이 발생한다.

② 국민연금의 종류로는 노령연금, 장애연금, 유족연금 등이 있다.

③ 병역의무를 이행한 자에게 6개월의 가입기간을 추가로 인정해 준다.

④ 2자녀 이상 출산 시 가입기간을 추가로 인정해 준다.

⑤ 국민연금의 평균액은 20년 가입 기준 최종 보수의 약 40% 수준이다.

48. 공공부조의 기본원리에 대한 설명으로 옳은 것은?

① 생존보장의 원리 : 공공부조의 보호수준은 최저한의 생활이 유지되도록 하여야 한다는 원리

② 국가책임의 원리 : 국가는 모든 국민의 건강하고 문화적인 생활을 보호하여야 하며, 역으로 국민의 입장에서 생존권을 보호받을 수 있는 권리를 보장하는 원리

③ 무차별 평등의 원리 : 공공부조 수급의 법적 기준에 해당하는 사람이면 빈곤의 원인이나 신앙, 성별 등에 상관없이 누구든지 평등하게 보호받아야 한다는 원리

④ 보충성의 원리 : 보호대상자 스스로가 자신의 생활을 책임질 수 있도록 한다는 원리

⑤ 최저생활 보호의 원리 : 생계에 관련된 가장 기본적인 수준을 유지할 수 있도록 한다는 원리

49. 국민건강보험의 요양급여 비용에 대한 심사를 담당하고 요양급여의 적정성을 평가하기 위해 설립된 기관은?

① 급여심사원
② 진료심사평가원
③ 보건사회연구원
④ 건강보험심사평가원
⑤ 노인요양병원

50. 사회보험의 특징 중 옳지 않은 것은?

① 사회보험은 노동능력의 상실에 대비한 산업재해보험·건강보험과 노동기회의 상실에 대비한 연금보험·실업보험으로 크게 구분할 수 있다.

② 사회보험은 개인보험처럼 자유의사에 의해서 가입하는 것은 아니다.

③ 사회보험은 보험료도 개인·기업·국가가 서로 분담하는 것이 원칙이다.

④ 사회보험의 보험료 부과방식은 위험정도·급여수준에 따라 나눠진다.

⑤ 국민연금제도는 1988년 1월부터 시행되었다.

서 원 각

www.goseowon.com